中国文库
文学类

柯灵散文选

柯 灵 著

中国出版集团
人民文学出版社

图书在版编目(CIP)数据

柯灵散文选/柯灵著. —北京：人民文学出版社，2009. 7

(中国文库)

ISBN 978-7-02-007664-2

Ⅰ. 柯… Ⅱ. 柯… Ⅲ. 散文—作品集—中国—当代 Ⅳ. I267

中国版本图书馆 CIP 数据核字(2009)第 120998 号

责任编辑：岳洪治

整体设计：翁　涌　李　梅

责任印制：王铁生　单浩生

柯灵散文选

Keling Sanwenxuan

柯　灵　著

人民文学出版社　出版

http://www.rw-cn.com

北京市朝内大街 166 号　　邮编：100705

北京铭成印刷有限公司印刷　　新华书店经销

2009 年 7 月第 1 版　　2009 年 7 月第 1 次印刷

开本：880 毫米×1230 毫米　1/32　印张：7.75

字数：168 千字　　印数：1—4500

ISBN 978-7-02-007664-2

定价：15.50 元

柯　灵

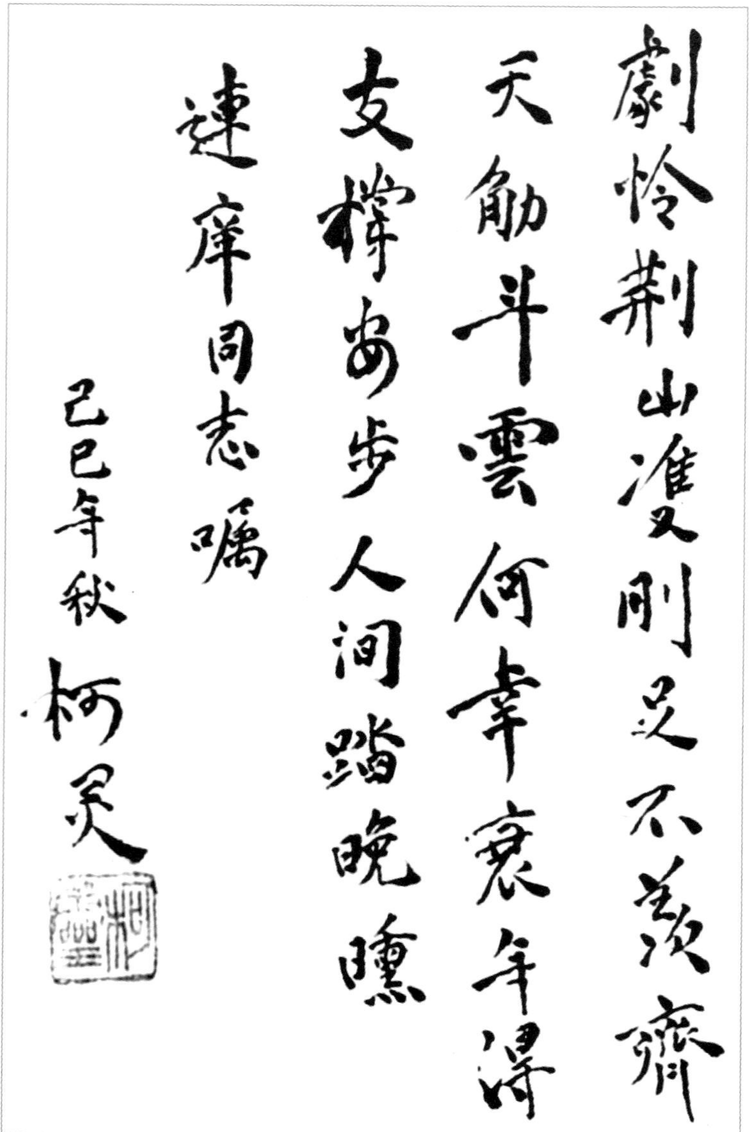

作者手迹

“中国文库”出版前言

“中国文库”主要收选20世纪以来我国出版的哲学社会科学研究、文学艺术创作、科学文化普及等方面的优秀著作。这些著作，对我国百余年来的政治、经济、文化和社会的发展产生过重大积极的影响，至今仍具有重要价值，是中国读者必读、必备的经典性、工具性名著。

大凡名著，均是每一时代震撼智慧的学论、启迪民智的典籍、打动心灵的作品，是时代和民族文化的瑰宝，均应功在当时、利在千秋、传之久远。“中国文库”收集百余年来的名著分类出版，便是以新世纪的历史视野和现实视角，对20世纪出版业绩的宏观回顾，对未来出版事业的积极开拓，为中国先进文化的建设，为实现中华民族的伟大复兴做出贡献。

大凡名著，总是生命不老，且历久弥新、常温常新的好书。中国人有“万卷藏书宜子弟”的优良传统，更有当前建设学习型社会的时代要求，中华大地读书热潮空前高涨。“中国文库”选辑名著奉献广大读者，便是以新世纪出版人的社会责任心和历史使命感，帮助更多读者坐拥百城，与睿智的专家学者对话，以此获得丰富学养，实现人的全面发展。

为此，我们坚持以邓小平理论和“三个代表”重要思想为指导，深入贯彻落实科学发展观，坚持贯彻“百花齐放、百家争鸣”的方针，坚持按照“贴近实际、贴近生活、贴近群众”的要求，以登高望远、海纳百川的广阔视野，披沙拣金、露抄雪纂的刻苦精神，精益求精、探赜索隐的严谨态度，投入到这项规模宏大的出版工程中来。

“中国文库”所收书籍分列于6个类别，即：(1)哲学社会科学类(哲学社会科学各门类学术著作);(2)史学类(通史及专史);(3)文学类(文学作品及文学理论著作);(4)艺术类(艺术作品及艺术理论著作);(5)科学文化类(科技史、科技人物传记、科普读物等);(6)综合·普及类(教育、大众文化、少儿读物和工具书等)。计划出版约1000种,分辑出版。自2004年以来,已先后出版三辑,每辑约100种,分精平装两类。2009年时值新中国成立60周年,特将"中国文库"第四辑作为"新中国60年"特辑推出,主要收选新中国成立60年来祖国大陆原创性人文社科类名著。

"中国文库"所收书籍,有少量品种因技术原因需要重新排版,版式有所调整,大多数品种则保留了原有版式。一套文库,千种书籍,庄谐雅俗有异,版式整齐划一未必合适。况且,版式设计也是书籍形态的审美对象之一,读者在摄取知识、欣赏作品的同时,还能看到各个出版机构不同时期版式设计的风格特色,也是留给读者们的一点乐趣。

"中国文库"由中国出版集团发起并组织实施。收选书目以中国出版集团所属出版机构出版的书籍为主要基础,逐步邀约其他出版机构参与,共襄盛举。书目由"中国文库"编辑委员会审定,中国出版集团与各有关出版机构按照集约化的原则集中出版经营。编辑委员会特别邀请了我国出版界德高望重的老专家、领导同志担任顾问,以确保我们的事业继往开来,高质量地进行下去。

"中国文库",顾名思义,所收书籍应当是能够代表中国出版业水平的精品。我们希望将所有可以代表中国出版业水平的精品尽收其中,但这需要全国出版业同行们的鼎力支持和编辑委员会自身的努力。这是中国出版人的一项共同事业。我们相信,只要我们志存高远且持之以恒,这项事业就一定能持续地进行下去,并将不断地发展壮大。

"中国文库"编辑委员会

“中国文库”第四辑
编辑委员会

中国文库

（第四辑）

【哲学社会科学类】

中国伦理思想研究　张岱年 ……………………… 江苏教育出版社
中国古代哲学的逻辑发展　冯契 ……………………… 东方出版中心
魏晋玄学论稿（增订版）　汤用彤 …… 生活·读书·新知三联书店
易学哲学史　朱伯崑 …………………………………… 昆仑出版社
儒家辩证法研究　庞　朴 …………………………………… 中华书局
唯物辩证法大纲　李　达 ………………………………… 人民出版社
郭象与魏晋哲学（增订本）　汤一介 …………… 北京大学出版社
逻辑经验主义的认识论　当代西方科学哲学
　江天骥 ………………………………………………… 武汉大学出版社
中国古代思想史论　中国近代思想史论　中国现代思想史论
　李泽厚 ……………………………… 生活·读书·新知三联书店
思·史·诗——现象学和存在哲学研究　叶秀山 …… 人民出版社
中国思想史　葛兆光 ……………………………… 复旦大学出版社
有无之境　陈　来 ………………………… 生活·读书·新知三联书店
中国社会主义经济问题研究　薛暮桥 ………………… 人民出版社
社会主义经济论稿　孙冶方 ……………… 中国大百科全书出版社
中国经济体制改革的模式研究　刘国光 …… 中国社会科学出版社
农业与工业化　张培刚 ……………………… 华中科技大学出版社
财政信贷综合平衡导论　黄　达 ………… 中国人民大学出版社
非均衡的中国经济　厉以宁 ……………… 中国大百科全书出版社
论竞争性市场体制　吴敬琏　刘吉瑞 …… 中国大百科全书出版社
中国奇迹：回顾与展望　林毅夫 …………………… 北京大学出版社
版权法（修订本）　郑成思 ……………………… 中国人民大学出版社
国际法　周鲠生 ……………………………………… 武汉大学出版社
国际私法新论　韩德培 ……………………………… 武汉大学出版社
刑法哲学　陈兴良 ………………………………… 中国政法大学出版社
法理学（第二版）　沈宗灵　张文显 ……………… 高等教育出版社

民法解释学　梁慧星 …………………………… 法律出版社
民俗学概论　钟敬文 ………………………… 上海文艺出版社
中国心理学史　高觉敷 ……………………… 人民教育出版社
心理学简札　潘　菽 ………………………… 人民教育出版社
冷眼向洋　资中筠等 ………………… 生活·读书·新知三联书店

【史学类】

中国文明的起源　夏　鼐 …………………………… 中华书局
中国古代文明研究　李学勤 ……………… 华东师范大学出版社
甲骨文字释林　于省吾 ……………………………… 中华书局
西欧封建经济形态研究　马克垚 ……………… 人民出版社
魏晋南北朝论丛　唐长孺 ………………………… 中华书局
东晋门阀政治　田余庆 …………………… 北京大学出版社
宋代经济史　漆　侠 ………………………………… 中华书局
西夏史稿　吴天墀 ……………………… 广西师范大学出版社
明代的军屯　王毓铨 ………………………………… 中华书局
太平天国史　罗尔纲 ………………………………… 中华书局
第二次鸦片战争　蒋孟引 …………… 生活·读书·新知三联书店
辛亥革命史　章开沅 ……………………………… 人民出版社
转折年代——中国的1947年　金冲及 … 生活·读书·新知三联书店
现代化新论——世界与中国的现代化进程(增订本)
罗荣渠 …………………………………………… 商务印书馆
糖史　季羡林 …………………………… 江西教育出版社
长水集　谭其骧 ………………………………… 人民出版社
走出中世纪(增订本)　朱维铮 ………… 复旦大学出版社

【文学类】

马烽小说选　马　烽 …………………………… 作家出版社
周立波小说选　周立波 ………………… 湖南文艺出版社
玛拉沁夫小说选　玛拉沁夫 ………………… 作家出版社
王愿坚小说选　王愿坚 ………………… 中国青年出版社
李準小说选　李　準 …………………… 人民文学出版社
王蒙小说选　王　蒙 …………………… 人民文学出版社

汪曾祺小说选　汪曾祺 …………………… 人民文学出版社
林斤澜小说选　林斤澜 …………………… 人民文学出版社
李国文小说选　李国文 …………………… 人民文学出版社
邓友梅小说选　邓友梅 …………………… 人民文学出版社
陆文夫小说选　陆文夫 …………………… 江苏文艺出版社
高晓声小说选　高晓声 …………………… 江苏文艺出版社
茹志鹃小说选　茹志鹃 …………………… 江苏文艺出版社
王安忆小说选　王安忆 …………………… 人民文学出版社
铁凝小说选　铁　凝 …………………… 人民文学出版社
史铁生小说选　史铁生 …………………… 人民文学出版社
闻捷诗选　闻　捷 …………………… 人民文学出版社
昌耀诗选　昌　耀 …………………… 人民文学出版社
食指诗选　食　指 …………………… 人民文学出版社
天安门诗抄　童怀周 …………………… 人民文学出版社
朦胧诗选 …………………… 中国青年出版社
杨朔散文选　杨　朔 …………………… 人民文学出版社
秦牧散文选　秦　牧 …………………… 人民文学出版社
刘白羽散文选　刘白羽 …………………… 人民文学出版社
萧乾散文选　萧　乾 …………………… 人民文学出版社
柯灵散文选　柯　灵 …………………… 人民文学出版社
杨绛散文选　杨　绛 …………………… 人民文学出版社
贾平凹散文选　贾平凹 …………………… 人民文学出版社
邵燕祥散文选　邵燕祥 …………………… 人民文学出版社
1949～2009 剧作选 …………………… 人民文学出版社
1949～2009 报告文学选 …………………… 人民文学出版社
1949～2009 儿童文学选 …………………… 中国青年出版社
周扬文论选　周　扬 …………………… 人民文学出版社
陈涌文论选　陈　涌 …………………… 人民文学出版社
张光年文论选　张光年 …………………… 人民文学出版社
唐弢文论选　唐　弢 …………………… 人民文学出版社
王瑶文论选　王　瑶 …………………… 人民文学出版社
钱谷融文论选　钱谷融 …………………… 上海文艺出版社
王元化文论选　王元化 …………………… 上海文艺出版社
蔡仪美学文选　蔡　仪 …………………… 河南文艺出版社

1949～2009 文论选 ………………………………… 人民文学出版社

【艺术类】

欧洲绘画史　邵大箴 ……………………… 上海人民美术出版社
中国绘画美学史　陈传席 ……………………… 人民美术出版社
中国工艺美术史　田自秉 ………………………… 东方出版中心
中国书画鉴定　谢稚柳 …………………………… 东方出版中心
琴史初编　许　健 ………………………………… 人民音乐出版社
宗白华美学与艺术文选　宗白华 ……………… 河南文艺出版社
王光祈音乐论著选集
　　王光祈著　冯文慈等选注 ………………… 人民音乐出版社

【科技文化类】

北京城的生命印记　侯仁之 ………… 生活·读书·新知三联书店
说园　陈从周 ……………………………………… 同济大学出版社
古海荒漠　许靖华 ………………………… 生活·读书·新知三联书店
科学发现纵横谈　王梓坤 …………………… 北京师范大学出版社
中国科学思想史　席泽宗 ………………………………… 科学出版社
系统论——系统科学哲学　魏宏森　曾国屏 …… 世界图书出版公司
科学的历程(第二版)　吴国盛 ……………… 北京大学出版社

【综合·普及类】

傅雷书信集　傅　雷 ……………………… 生活·读书·新知三联书店
诗词格律概要 诗歌格律十讲　王　力 ………… 世界图书出版公司
一氓书缘　李一氓 ………………………… 生活·读书·新知三联书店
上学记(修订版)　何兆武 ……………… 生活·读书·新知三联书店

出 版 说 明

中华散文，源远流长。数千年的散文创作，或抒情、或言志、或状景、或怀人……莫不反映出时代的风云变幻和人们的思想情感。中华散文的这些优良传统在二十世纪以降的新文学那里，不仅得到了全面传承，且不断有所创新、有所发展。为了展示二十世纪以来中华散文的创作业绩，我们在新世纪之初即编辑出版过“中华散文珍藏本”凡三十种。自二〇〇五年始，我们在此基础上先后选出二十六种，作为“中华散文插图珍藏版”第一辑、第二辑出版。此次又选出十六种，作为第三辑出版。

本丛书每册二十万字，另辅以反映其人生历程的珍贵照片若干幅。可谓美文与华照相得益彰，既是伴君品味欣赏之佳作，又为珍藏馈赠之上品。

人民文学出版社编辑部

2008 年 1 月

目　　录

巷

——龙山杂记之一

巷，是城市建筑艺术中一篇飘逸恬静的散文，一幅古雅冲淡的图画。

这种巷，常在江南的小城市中，有如古代的少女，躲在僻静的深闺，轻易不肯抛头露面。你要在这种城市里住久了，和它真正成了莫逆，你才有机会看见她，接触到她优娴贞静的风度。它不是乡村的陋巷，湫隘破败，泥泞坎坷，杂草乱生，两旁还排列着错落的粪缸。它也不是上海的里弄，鳞次栉比的人家，拥挤得喘不过气；小贩憧憧来往，黝黯的小门边，不时走出一些趿着拖鞋的女子，头发乱似临风飞舞的秋蓬，眼睛里网满红丝，脸上残留着不调和的隔夜脂粉，颓然地走到老虎灶上去提水。也不像北地的胡同，满目尘土，风起处刮着弥天的黄沙。

这种小巷，隔绝了市廛的红尘，却又不是乡村风味。它又深又长，一个人耐心静静走去，要老半天才走完。它又这么曲折，你望着前面，好像已经堵塞了，可是走了过去，一转弯，依然是巷陌深深，而且更加幽静。那里常是寂寂的，寂寂的，不论什么时候，你向巷中踅去，都如宁静的黄昏，可以清晰地听到自己的足音。不高不矮的围墙挡在两边，斑斑驳驳的苔痕，墙上挂着一串串苍翠欲滴的藤萝，简直像古朴的屏风。墙里常是人家的竹园，修竹森森，天籁细细；春来时还常有几枝娇艳的桃花杏花，娉娉婷婷，从墙头殷勤地摇曳红袖，向行人招手。走过几家墙门，都是紧紧地关着，不见一个人影，因为那都是人家的后门。偶然躺着一只狗，但是决不会对你狺狺地狂吠。

小巷的动人处就是它无比的悠闲。无论谁，只要你到巷里去踯躅一会，你的心情就会如巷尾不波的古井，那是一种和平的静穆，而不是阴森和肃杀。它闹中取静，别有天地，仍是人间。它可能是一条现代的乌衣巷，家家有自己的一本哀乐账，一部兴衰史，可是重门叠户，讳莫如深，夕阳影里，野草闲花，燕子低飞，寻觅旧家。只是一片澄明如水的气氛，净化一切，笼罩一切，使人忘忧。

你是否觉得劳生草草，身心两乏？我劝你工余之暇，常到小巷里走走，那是最好的将息，会使你消除疲劳，紧张的心弦得到调整。你如果有时情绪烦躁，心境悒郁，我劝你到小巷里负手行吟一阵，你一定会豁然开朗，怡然自得，物我两忘。你有爱人吗？我建议不要带了她去什么名园胜境，还是利用晨昏时节，到深巷中散散步。在那里，你们俩可以随意谈天，心贴得更近，在街上那种贪婪的睨视，恶意的斜觑，巷里是没有的；偶然呀的一声，墙门口显现出一个人影，又往往是深居简出的姑娘，看见你们，会娇羞地返身回避了。

巷，是人海汹汹中的一道避风塘，给人带来安全感；是城市喧嚣扰攘中的一带洞天幽境，胜似皇家的阁道，便于平常百姓徘徊徜徉。

爱逐臭争利，锱铢必较的，请到长街闹市去；爱轻嘴薄舌，争是论非的，请到茶馆酒楼去；爱锣鼓钲镗，管弦嗷嘈的，请到歌台剧院去；爱宁静淡泊，沉思默想的，深深的小巷在欢迎你！

一九三〇年秋

雨

——龙山杂记之二

一年来的流光，全埋在尘嚣里奔走，往日澄明的心境，似乎也沉浊了许多。

秋光已经老去，院前的桐叶都飘尽了。近来冷雨缠绵，每一次坐着黄包车出行，在油漆篷布的包围里，静听雨声潇潇，如打残荷，怅触无端，便不觉油然而起。

在一般的意念中，雨天总是可憎的。晴空朗日，持续到几个月也不觉得什么，而苦雨连朝却就能招人嫌厌。也有人以达者的心情，说没有雨天阴沉，怎显得晴天爽朗！但这已经是退一步作想了，实则阴阴的天气，也正不乏讨人喜欢处。

不知是什么因缘，我向来对雨有好感。记得我童年时代就喜欢雨，那时我在乡间小学读书，一遇到阴沉天气，就觉得兴奋，老早背了书包，撑着伞上学去。有时雨太大了，母亲劝我告一天假，但我总不愿意。——乡间风雨飘摇的时候，小学生多数是逃学的，照常到校的往往只有少数不约同来的顽皮孩子。因为人数太少，学校就无形停课，先生照例关照一声“自修功课”以后，顾自己躲到寝室里去。于是我们便活跃起来，开始把教室里的课桌椅挪开，循着屋子四面环叠，在这桌椅的堡垒当中，捉迷藏、翻九楼……什么新奇的游戏都会想出来。

不知从什么时候起，又发明了一种我们称为“推潮头”的新游戏。在教室后面，原有个狭长的天井，久雨之后，积水成塘，阶石的隙缝里，常有许多红色的小毛蟹爬出来。我们起先是脱了鞋袜，涉水捉蟹；后来又异想天开，把门板横放在天井的一端，用三四个人，每人拿一根球杆，一头抵住门框，一头抵住自己的肩膀，一声呼啸，协力把板门向前推去，直推到天井的另一端，抢步逃上阶沿，积水受门板的推挤，突然高涨，汹汹然向前涌去，到天井的尽头，在墙上轰然一击，浪花四散，又卷簟似的汹汹然涌回，这一瞬间，真有点像在钱塘江畔看撼动山岳的秋潮！

自从发明了“推潮头”，凑着机会就常常兴高采烈地扮演“弄潮儿”。有一次，约莫是深秋时候，冷雨横飞之中，我们竟脱尽鞋袜，卸了上衣，赤膊冒雨推波作浪。玩得正起劲，老师忽然来了，一见这情形，不觉惊瞪了眼睛；但一念之间，竟忍不住哑然失笑。这一笑松弛了我们紧张的心弦，在笑声哗然中，赶紧披起衣服，向教室里蹿去。

离开了学校，这种心情与机会便不复再有。但犹忆有一年的暑假当中，住在家乡，还和一个儿时的同学，常趁彤云密集、骤雨欲来之顷，跑到南山麓下的路亭里去听雨声，直要到雨过天青，才踏着湿痕斑斑的石板路跑回来。

三年前，我开始挑上生活的担子，常常安步当车，早出晚归。遇到天雨，手里多了一把伞，冒着雨，踏上曲曲的田径，四野的寂静似乎把空气凝成了固体，平时了望不到的狭猕湖，在前村的绿树梢头浮起小片白光，隐约可见。那时我似乎还不以雨中跋涉为苦，雨丝湿了衣裳，还往往怀着微妙的心情，兀立在花浦桥上，俯瞰潺潺的流水，和水面无数圆圈四面连续的图案。前年秋天，旅居浔阳江畔，在那孤立江边的小楼一角，更觉得雨声的亲切。每当烟雨濛濛，轻纱似的笼住一切，遥望对面青山，淡极欲无；悠悠坐对，也往往历二三小时。然而如今又是如何？期望童心的来复，固是梦想；即是要唤回一二年前洒脱的心情，也已不可复得了。

日来苦雨，每天外出奔走，忙忙碌碌，较远的地方还不得不借重人力车代步；一到晚上，在房子里静定下来，只见满地脚印，湿漉漉地惹人不快。同时一股冷气直从足尖上升，原来是穿了底的皮鞋，吸收了足够的水分。脱了鞋，白袜上满是黄色水痕，一缕轻烟，正幽幽散发，宛如楚云出岫，要带着它们的主人羽化而登仙。无奈世味如荼，尘俗萦心，如置身轭下，我再也飞不起来。

阴晴风雨，发乎自然，各有丰姿。如果营营扰扰的人生，只为了一身温饱，那真是太辜负造化丰富的供养了。

一九三〇年十二月十日

越王台畔

——龙山杂记之五

近一年中的生活，变化似乎特别多。去年此日，正是从故乡漂流到沪滨，又快从沪滨铩羽归来。回到故乡，辗转迁徙，最后到了龙山的越王台畔，接着又从山麓的秋千院落，移寓到山腰的宿舍。现在我又在三日前仓猝决定，匆匆离开龙山，搬到这寂静的巷里来了。——龙山，是原算不得离开，走出门外数步，向右转个弯，站在洗马池头，龙山顶上的望海亭，依然在望；但自然不似当初，那是完全倚在龙山的怀里，比这遥遥相望的，亲切得多了。

巷里和平恬静，一到晚间，小小的世界，完全被时钟的钟摆占据了：单调的"的得的得"，匆迫而又从容，声声不绝，俨然是时间老人永不停歇的脚步。谅是因为初临异地，上床每不能登时入梦，静在枕边，听听钟声，把此间的夜晚和龙山的夜晚一比，觉得实在相差太远了。

并非是别后心情，在回味中特别美好。那越王台畔的夜，确实另有一番迷人的风味，早已是我心灵中一座诗情画意的别墅。

龙山的夜色，完全蒙在一种梦似的境界里。晚餐才罢，灯火初明，苍茫的暮色，还残留落日的余晖。怀着闲散的心情，踅出山腰的宿舍，站在左边的草坪上，除了西北一角给龙山遮没，几乎可以鸟瞰半个越州。南面最远处，连绵不断地耸在暮霭中的，是一带会稽山，屏障似的拥抱越城的一面；城外绿水萦回，城内屋宇栉比，南街塔山顶峰一枝苍老的古塔，巍然矗立。——塔山原是高不百仞的小邱，将它比比城外的香炉峰，是会羞愧得不敢仰视的；但是它身居闹市，居然鹤立鸡群了。望到东边，又是一番情趣，贴近草坪，只隔着短短的泥墙一垛，便是现在改成了中山公园的古越王台；再过去不远，但见电炬通明，仿佛繁星灿烂，越州繁华的中枢，就在那里。耸峙其间的，是大善寺雄劲的宝塔，开元寺庄严的梵宇，和广宁桥畔礼拜堂崇高的钟楼，遥遥相对。再极目远处，是隐在电灯光后，漠漠无尽的尘影一片。

天色黑尽，山下景物披上玄色的大幕，再也看不清了。离开草坪，踏着一条漫漫的石级，沿着岭路，向山下走去。要是在白天，负着一颗忙碌的心，步履匆促，也许会使你呼吸急迫，自己听得见胸脯起伏的节拍；这时的心弦是松弛的，步履是舒缓的，慢慢地闲步而下，恰如白云出岫，容与自在。到了下面，情景又不同了：回头望望，园树当前，是一片婆娑的阴影；岭路的一旁，沿路都种着整齐的女贞，把岭路掩映得曲折有致。最上一层，是山腰的宿舍，一排玻璃窗，灯火薄薄地透出，灯影里可以隐约地看出憧憧的人影，偶然还漏下几声断续的笑语；那里面是一群少男少女，正走着他们生命途上最幸福的一程。在人影语声中，似乎看得见青春的火花在闪煜。我每一次伫望的时候，总发生无限的歆羡。

最动人的是更鼓初传，在山腰宿舍的门前独坐。那时人声渐静，夜却未阑，万籁无声中，可以静聆一片动听的音乐。

越州多善男信女，因此有许多制造锡箔的作坊，专门靠打锡箔讨生活的劳工；夜深时候，他们工作正忙，那铁锤击着石礅的声音，便在满城的偏街僻巷，声声相应。就近些，宿舍极西的一角，有悠扬的琴声，一阵阵从纤纤的指尖迸出。越王台里附设着一个剧场，更有丝竹管弦之音，和着婉转动人的歌声，隔墙播送。种种不同的音色，同时并陈，初听是浑然一片的合奏；仔细听去，却分得非常清晰，又非常谐和。琴声歌声，一样的清妙婉转，袅袅不断；打锡箔的劳生之曲，叮叮当当，单调中带着匀称的旋律，清脆如金石之音，铮铮地为琴声与歌声击节。在这和谐的音乐里，还可以领略各种不同的情趣：宿舍的琴声，给人以闲逸之感；打锡箔的声调，却使人感到生活的重压；越王台上的歌声，最古典又最复杂，每一次谛听，总使我心潮起落，有时从凄颤的三弦声里冥想剧中的情节；有时从宛转的歌声中梦想歌女的悲愁。在一清如水的月夜，龙山上还有断续的马嘶，隐约传来。

啊！越王台畔的旧梦，几时再有缘重温呢！

一九三一年四月二十五日，在试弄

望　春

——龙山杂记之六

离开龙山，又是一度月圆。小巷寂静的生涯，已渐觉相安若素；而且俗务困人，每天被琐屑的工作缠绕，也不复再有余裕坐对幽窗，悠然作遐想。只是龙山的望春花，至今还频来相扰，使人难忘。

龙山山腰的宿舍，有一个小小的庭院，种着两树高大的梧桐，三四棵矮小的黄杨，一株望春花。我迁入宿舍的时候，正是风雪连天的寒冬，梧桐早已落叶，望春花也只剩着疏落的空枝；唯有终年常青的黄杨木，还透示着几分生意。时节推移，渐渐由冬转春，气候虽已日渐暖和，大地却还沉睡未苏；第一个泄露了春讯的，就是那一树望春。草未曾茁青，树没有抽芽，望春花却在濯濯的枝头，开起了满树银白的花蕾。宿舍里深通世故的女佣，有意无意地说："望春花开了，春天就快要来了！"

从那时起，不知为什么，我对这满树含苞的望春花发生了好感；而且有些为它杞忧。一天早晨，和同居的朋友在院前小立，我说："望春花开得这样早，怕等不到春事烂漫，就要零落了罢！"朋友的回答却出乎我的意外，他说："望春真是最难看的花了！枝干僵秃，有花无叶，让它零落了也好！"更出我意外的，此后他竟几次表示对望春的嫌厌。我觉得很不平，有一次对他说了这样带着讥刺的话："放心罢，朋友！望春花不是为你开的，它并不要你赏识啊！"朋友还说："谁教它开在这里，让我看见呢？"我怃然，没有再开口。

每天午后，柔阳拨逗着春意，蜜蜂翅上驮着薄薄的东风，在黄杨木上纷飞。同居的伙伴们都到山麓去了，我总独自伫立院前，对望春作许久的顾盼，而且常不免为它担忧："花开得早，自然也就谢得早，来时寂寞，去时冷落，岂不辜负了大好的春光！"——眼见望春花欣欣地开放，粉妆玉琢，洁白如雪，我越是倾心怜惜，我的隐忧也越是深切。

不幸的预想常常容易实现，望春的残葩，终于在紫槿花红出墙头，春意盎然的一天早晨，被我发现飘零在院中的草地上了。我像亲自串演了一出人间的悲剧，心头浸蚀了无名的怅惘。

我曾经决定，要为这素馨的花树写一篇童话：假定望春花是一个追求光明的少女，春天就是她理想的王国。萧杀的严冬使她发愁，料峭的风寒使她颤栗，她决定独自出发，向天涯海角寻觅春天。跋涉了无数山水，饱尝了无限苦辛，当她听见南国的燕子送来第一声呢喃，冬眠的蜇虫打了第一个呵欠，她知道自己的愿望快要达到，激动得发狂，立刻在寂寞的大地上，展开惨白的笑靥，报告了春天的消息。于是风暖了，草绿了，花开了。但春天刚来，自己却已经憔悴，在春阳温暖的怀中，作了个含泪的微笑，悄悄地离开了人间。这样一个动人的故事，我立下心愿要为望春抒写。但只限自己才分太浅，几回铺笺，几番搁笔，我终于没有写成。

人事倥偬，如今我已离开了龙山，望春花的故事却依然频来相扰，甚至梦见她化为白衣的少女，宛转轻愁，促请我对她践约。几日以前，因事偶上龙山，便中去看看院前的望春，现在已经是绿叶成荫，迥非往日的丰姿了。我想，望春有知，对那过去的旧梦，怕也早如隔世，淡然忘却了罢？果然，那么我的心愿，这样也就算偿了！

一九三一年五月十八日，于古资福庵

忆 江 楼

江 楼

这是临流的小楼一角，兀立在浔阳江畔，白塔洋头。

江楼并排五间，我寄寓其中的一室。面积不大，建筑朴素简陋。南面一排纸窗，窗棂上雕着拙朴的图案。窗外却是一幅曼妙无比的天然图画：连绵起伏的青山横亘在前，青翠扑人。山下的小村襟山带水，零落的村舍，掩映在绿树丛中；早晚升起缕缕炊烟，斜阳影里，织结遥远的梦境。村外田畴一片，碧浪无垠。一条晶莹的小河，穿过田野，蜿蜒地流向村口；村口一座石桥，两岸乌桕，把小河迎进村里。

窗下是镇日潺潺的浔江，对岸有一座路亭，亭边系一只挪亚方舟式的渡船。东望白塔洋，烟波浩淼，白茫茫一望无际。普照寺玲珑透剔的琉璃阁矗立其间，远处是隐约苍茫的天涯云树。

这不是什么名山胜水，地图上找不到，方志中无记载，却在唐宋人的画境中似曾相识。它未经名人雅士的讽咏礼赞，不着一字，自得风流。它不是珠围翠绕、搔首弄姿的名媛闺秀，而是蓬门筚户中光彩照人的碧玉，荆钗布裙，风鬟雾鬓，自有她天生隽秀的气韵。

“故乡多少佳山水，不似西湖浪得名。”

我抄下刘大白的诗句，张之素壁，当作“江楼铭”。

得 月

看月最宜在水边，江楼正是此中胜境。

月明之夜，与友人三五，在门前的石凳上闲坐。暮色初合，静看一轮鹅黄的圆月，给普照寺琉璃阁的塔尖轻轻挑起，云霞叆叇，月影胧胧。天上人间，纵谈今古，这是一景。

黄昏在江边漫步，秋水盈盈，一弯新月，像金钩斜挂半空。微风不动，水波不兴，天上一牙，遥对水底一牙，看自然盈虚，察世态升沉，这又是一景。

下弦月冉冉升起，远村更鼓初传，已经是夜静时分。万里长空，无云一碧，皎皎明月光，给整个天地镀了银，又像把偌大的人寰装进了水晶瓶里。月光洒遍粼粼的江上，闪闪烁烁，泛起万点荧光。极目远处，月下有一二轻舟，静悄悄不闻橹声，只见小小的一叶黑色剪影，轻移缓进，桨楫一动，便激起一朵耀眼的银花，我在窗台上静静地坐着，如醉如痴，仿佛进入了童话世界。

这是神奇的宇宙的净化，心灵的净化。

我是物质和精神的窭人子，却是大自然的宠儿。大自然是我的母亲，正是她哺育了我孱弱的灵魂，使我懂得爱美好的生活，美好的世界。

枕畔歌声

夕阳一落，这世界便完全安谧了。都市人以昼为夜，以夜为昼。在农村里，虽然男耕女织，自给自足的岁月早已破产，日入而息的流风遗韵却至今犹存。

小楼夜静，灯火青荧，一卷在手，心醉神怡，固然是一种极大的享受。熄了灯，无忧枕上，黑甜乡里，好梦不惊，更是最好的将息。

但在更深夜阑，万籁无声的时候，却常有断续的歌声，夹在小舟的欸乃声中，送到枕畔，破碎了无边的恬静。

歌声如飘风，如一缕摇曳的游丝，在夜空中遥远地传来，渐行渐近，渐渐的清越，终于到了窗下，歌词也清晰可辨了。咿呀的桨声，夹着激荡的水声，缓慢地为歌声击节。然后歌声又渐渐远去，渐渐的微弱，渐渐的模糊，终于轻烟般在静夜中消失。

歌声是轻快飘忽的，但听起来却觉得苍凉。因为歌者是夜行的舟子，在长夜迢迢的旅途中，为破除岑寂而歌。这是最动人心弦、耐人寻味的人间天籁。

听了枕畔歌声，我常常想披衣而起，打开窗户，祝福他一路平安！

渔舟上的喜剧

隔江的村落里多是渔家，小河萦回，大小的渔船泊在岸边，错落中见出齐整；密密的帆樯，是村里的天然屏障；村头村尾，还高高地晾着渔网。

接连的几天秋雨，江水新泛，悄悄地爬上了石碪。前村的渔舟，忽然都到了江楼的窗下，纵横错列，星罗棋布。

渔舟静静地停在江上，渔网沉沉地下在水里。船上都有渔人二三，屏息凝神，等待鱼儿上网。生涯一艇，维系着全家老小的饥寒饱暖。不关痛痒的岸上旁观，看来却只觉得潇洒安闲，很好的点缀了秋江景色。

寂静中忽听得水声激荡，东边的一艘船上，网罟起处，鲜灵活跳的大鱼在网里乱蹦，看去至少有二三十尾。接着西边的一艘，一网也打捞了许多，银鳞映着秋阳生辉。一时江上噪声雀起，幸运的渔人春风满面，重新下网。许多失利的渔人，只索讪讪地向他们送过艳羡的眼色。原来渔人和游鱼一样，同是浪荡江湖，幸与不幸，各不相同。

半天夕阳，把江水染得橙红。丰收的渔船派出瓜皮小艇，把渔获先送回村里。小艇过去，就常有这样的对话在渔舟间传送："今天交运啦！有二三百斤吧？""瞧你说的，哪有这么多！""二百斤，少不了，用不着遮瞒啊！""今天不知明天事，下回好运该轮到你了！"结束这种谈话的，常常是一阵笑声。

瓜皮小艇满载着喜悦与庆幸，轻划缓桨，在前村的小桥红树中隐没了。

采菱

秋风起了，江边一棵亭亭如盖的大树底下，常有卖菱角的小船出现。卖菱人是艺术家，悠长舒徐的叫卖声，便是一曲动人的"秋声赋"。

一天傍晚，我们借到一只小船，到南湖采菱。沿湖一带都是乌桕，桕叶正在由翠绿渐转霜红。纹风不动，草木无声，天地澄澈。晚霞落入水底，南湖沉醉在金紫辉煌的梦里。羽毛金碧的翠鸟在水面飞翔，听到桨声，倏忽间惊飞远处。眉黛般的青山挡在前面，没有巉岩峭壁的奇伟，却自有它入骨的秀媚。

把船停在菱塘边，我们伸手舷外，翻开丛丛的菱叶，摘下菱角，随剥随吃。菱壳是浅绿微带晕红，菱肉像脂润的白玉，美妙的色彩更增加滋味的鲜嫩。

"喂，谁在采菱呀？"

忽然听得一声叫唤，循声向岸上望去，发话的是一位姣好的农家少妇。我觉得面善，却不认识，不过猜测她是菱塘的主人，大家发着窘，一时无言答对。谁知她一见我们，笑容可掬，挥动一只手，大声说道："只管吃吧！摘点菱不要紧，可得留神，别把菱蓬弄断。断了蓬就不长菱了。”

没想到她这么慷慨好客,我们道了谢,但毕竟也不好意思再无故打扰人家了。

更没有想到,第二天清早,有个小女孩来到江楼,送来了两篮新摘的菱角,说是她母亲送给我们尝新的。不容我们逊谢,她就倒下菱角,挽着空篮飞奔而去。

我们都感到纳闷,也不知怎样回报这过分的殷勤。过了老半天,一位同寓的朋友忽然想起,指出了我的健忘:原来那农家少妇曾来过小楼,请我代笔写过一封信,寄给她出门在外的丈夫。说也惭愧,只是这不值半分的秀才人情,却赢得了农家这一份温醇的情谊。

暴风雨中的孤舟

夜来忽然起了风,像千百头怪兽张牙舞爪,齐声狂吼。江涛袭岸,发出震天价巨响。独宿江楼,恍如寄身一叶扁舟,只觉得天摇地动,屋宇不住震撼,一下子会被风卷去。

我再也不能安睡,一夜直到天明。同楼的寓客,像是为了同舟共济,躲避灾难,清早就不约而同,齐集在一间房里。

狂风越来越猛,暴雨也接着来了。平日澄明如镜、舟楫如织的浔阳江上,完全断绝了交通。急雨在空中翻腾,像万箭齐发,时而搅成一团,时而随风乱卷。波涛滚滚,黑色的浪头带着白冠凭空腾跃,一起一伏,互相冲撞,互相吞噬,到了岸边,就轰然一声,纷纷涌到岸上。

江边的树木,狂乱地摇摆腰肢,振臂号呼,奋力挣扎,有的连根拔起,破空而飞。连阡成熟的稻田,金黄的谷穗全部偃伏,在地母的怀里哭泣。远处的山峦村落,已经无影无踪,只剩下浓重的乌云,如万马奔腾,拥塞低空,天宇会随时坍陷。

对岸的渡船颠簸起落，载浮载沉，水已经侵入船里，系船的绳索势将被风刮断。我想起“创世记”里淹没世界的洪水，济人渡世的挪亚方舟。这方形的野渡既不是避难的慈航，眼看得本身就要遭到覆没的命运。

我向普照寺的方向望去，不觉全身肌肉紧缩，目瞪口呆。友人也同时看到了那情景，失声惊呼：“哎哟，危险！”原来普照寺就在白塔洋口，洋面广袤数十里，白浪滔天的景象，江楼也能遥见。这时却偏有一艘孤舟，在风波万丈中艰苦奋斗。看它被暴风刮得东倒西歪，被巨浪抛得忽上忽下，船篷破碎了，船身常常倾斜得像要翻天，浪头在船舷上，一阵又一阵的激起雪白的水花。我们久久地望着它，看它只顾顽强地挣扎，却总是逃不出那险恶的困境。

生活中常有不测的风涛，大自然也难免发生暴动，但在这种天地易色的时刻，却总有勇敢的人们顶风逆浪，奋不顾身，向强大凶恶的势力挑战。遥对白塔洋上的孤舟，我忍不住满心惊奇赞叹，肃然起敬！

一九三二年秋

岛国新秋

——青岛印象之一

那儿有浅蓝的天，深碧的海，那儿是大日耳曼帝国为我们富宦巨商、公子王孙所开辟的琉璃世界，桃源胜地！

夏天冉冉尽了，秋来了，海风是凉凉的。避暑的人们被窗前的冷月唤醒了枕畔幽梦，心里袭来一丝飘忽的怅触。夏去得真快，好像海水浴也还没有洗畅呢……

那儿的夏天是值得留恋的。

灼热的风吹不到岛上，那里没有热汗淋漓的人。你爱看山？崂山离得不远；你要玩水？眼前就是一片静荡荡的海。你要什么都有：跳舞场、电影院、咖啡店……一切都市人所需要享受的，都替你打点舒齐了。

闲着无聊，驾汽车兜兜风罢：马路整洁宽阔，起伏回旋，依着山势的高下，展现不同的街景，显得掩映多姿。路旁都是罗伞般的槐树，在阳光里投下一带浓荫，连空气也给染绿了。满街槐花开得正好，香风一阵又一阵地扑入怀抱。

要散步吗？海滨公园，第一公园，由你自己挑。

用过丰盛的午餐，在别墅的凉榻歇个午晌，就到汇泉去罢。那儿的海水浴场是全国第一！海水是一片明蓝，水晶宫殿大概也就是这样，眉黛一般的一抹云山衬在远处，当中点缀着螺髻似的赭色礁石。沙滩是软软的，黄得像金沙铺地。人多极了，男的，女的，浸过水的黄发青丝，彩色的游泳衣，人鱼般婉曲的身体，在浪花里滚着，在沙滩上躺着；笑声语声随着浪花纷飞。异国的男女比自己的同胞还多，而且最多的是我们的“善邻”。但我们高贵的士女决不会怀疑是否身在异域，因为这明明是我们“好客”的国土。

就是这样在浪花里浮沉，在沙滩上徜徉，让炎夏的白昼偷偷溜过。厌倦了，你可以向沙滩后面走去，疏疏的绿树林子里设着茶座，进去喝一杯太阳啤酒，喝一瓶崂山泉水做的可口可乐罢；无线电播送的西洋音乐和东洋音乐在招诱着呢。

蓝天变成黑天，碧海变成墨海，小青岛上的灯塔在黑暗里明灭。

栈桥上这时候可热闹了。

栈桥：长堤似的一直伸到海当中，桥下浪花老唱着神秘的歌。人在桥上，风在海上。散着步的男女，慢腾腾地显着悠闲的姿态。偶然有三两个姐儿并肩笑语，一阵香风过去了，后面却有一二个哥儿追随着指点评论。爱呀，喜剧呀！青岛的夏天呀！

青岛是天之骄子，两难具，二美并：锦绣江山兼备物质文明，西方帝国和东方帝国相继为我们借箸代谋，着意经营的避暑胜地。

那儿的夏天是值得依恋的，可是夏天冉冉尽了！

一九三三年九月

咖啡与海

——青岛印象之二

感谢朋友的盛情，让我也做了一回青岛咖啡座上的贵客。

从汇泉沿马路过去，相隔不远，在清静的海边，傍着疏疏的槐树林子，有一所玲珑剔透的洋楼。每当夕阳踏着微波退隐以后，那儿就吸引进一批艳妆华服的男女。

白衣的侍者含笑相迎，跑过甬道，来到大厅。辉煌的壁画，灿烂的明灯，跳舞场在正中。厅外是濒海的露台，玉砌雕栏，大理石的圆桌，精巧的座位，骄矜的微笑，指甲涂着蔻丹的纤手，高脚杯里殷红的葡萄美酒……

露台的栏外是一片神秘的海。

天上正挂着一轮将圆的月亮。

栏外浪花无休止地飞跃，跳上沙滩。每一叠浪打到岸上，就是一道银色的花边，一串悦耳的哗哗声。月光温柔地铺在海面，点点如银鳞；渔船的帆影在远处移动；另一边闪烁着千万盏闹市的灯火。

慢慢啜着冰咖啡，一面却心不在焉，游移在一些近乎唐突高雅的思想里——

前一天独自在汇泉饭店吃了一杯冰淇淋，淡淡的，而且粗劣，可是价目是半元。这儿的咖啡多少钱一杯？咖啡馆与海结邻，自然会身价百倍。

半元！贵吗？不，来到这里的，自然不吝惜这戋戋之数。

跳舞厅里奏起了流行的爵士乐。

白衣的侍者恭敬地来往,雪亮的刀叉在音乐的旋律里闪动,女人的媚笑,绅士彬彬有礼的仪态,低低的私语。

同座不善翩翩起舞的朋友却懂得这滨海名城的许多故实。

他说,这青岛咖啡馆是白俄商人开的,每年这儿只做一个夏季的生意,过了夏天他别有经营,可是一夏的猎获为数可观。他说,汇泉饭店是日本人开的。——青岛的经济命脉全在日本人手里,许多工厂也全是他们的摇钱树和吸血管。有的打起招牌说是中国资本,背地里股东还是日本人。……

我想起海滨公园相近的“接收纪念亭”来。只要名义上已经“接收”,这当然值得“纪念”了。况且青岛没给德国的时候,原只是一片蛮烟野草的荒岛啊,现在却已给他们修筑得花团锦簇的了。

灯光骤然暗了。

绿纱灯下,一对对搂着的男女,跟着音乐的节奏婆娑起舞。

我望着月亮,望着铺满月光的海,望着跳上沙滩的白浪,望着那幽灵般移动的人影。——这境界真迷人,可是我有了一点不可分说的惆怅。

一九三三年九月

少年柯灵（后排左一）与好友合影

1930年摄于绍兴

魔　窟

——青岛印象之三

在湛山的一面,树林掩映着四个大炮台。它们并列着,石龟似的伸长了颈,口子正对着前面水天相接,云山苍茫的海湾。

这炮台是德意志帝国侵占胶州湾时建筑的。青岛由德国人手里转到日本人手里,再从日本人的手里接收回来,历劫沧桑,剩留下这触目惊心的历史遗迹。

如今炮台是成了废物了,里面却还可以进去。入口在山坡的后面,有一扇锈纹斑驳的铁门,青苔与蔓藤爬得满壁。

里面是无边的黑暗,阴森森的空气里散播着刺鼻的气息。脚底下潮湿而滑腻,踏下去会使你浑身的毛发寒瑟瑟地竖起来。看守炮台的孩子在前引路,手里拿一枝蜡烛,向狭长的小弄里幽幽前进。你眼睛所接触的是:颤抖的移动的烛火,一圈昏黄的光,光圈里的孩子的头,灰颓的墙壁;除了这些便一无所有。这时候你心里如果有什么感触,那准是想起了童话中所描写的魔窟。

可是眼前并不是什么巉岩乱石的山穴,也没有巨人与精灵的住宅!——瑰奇典裔的神秘宫殿。

那是我们所常见的近代建筑,白石与钢铁构成的杀人的器械。地下有运车铁道,一直通到外面;顶上有运炮弹的钢轨。里面除了装置炮位的处所,还有许多小房间:这是装发电机的;那是给炮兵休息的;这是造饭的厨房,锈烂的大铁锅里满满的泥块，据说还是牛肉；那是伤兵休养室，在烛影模糊中，引路的孩子指着墙上的斑点："这是伤兵的血痕。"

我们可以想象出，那些年轻的德意志兵士曾经如何蛰伏在窖里，拨动大炮的机捩，轰然向"敌人"开发，从容不迫地做着杀人的勾当。

可是他们也不是杀人的恶魔，他们是受了铁血主义愚弄的青年，他们杀死了多少异族的兄弟，结果自己也做了异国的游魂。那壁间斑斑的许就是他们忏悔的血泪。

那地方有一里多长，另一边也是一扇锈烂的铁门。从那里出去，才重见了朗朗的天日。

这样的大工程，听说从前造成时，青岛的中国居民很少有人知道。中国的老百姓，常常是在做梦似的境地里过日子的。

一九三三年九月

如此桃源

——青岛印象之四

"青岛是个好地方,别的不提,单是市内所有的住房,就找不出一所中国式的建筑。"

因为是初旅青岛,在轮声辘辘的胶济路车上,一位久居青岛的朋友便夸耀似的对我说了。

这朋友的话并没有夸张。青岛街上的建筑物,全都是绛瓦蜂窗的洋楼,和市场上多的是日本货而很难找到中国货一样。青岛真是世外桃源!那里简直看不见穷愁和寒伧。——不过那说的是市内,市外就不同了,有机会到大港码头去一下,就可以看见蚁群般的穷苦人,住的非但不是洋房,连中式的矮檐瓦屋也没有,路旁挨挨挤挤的,全是草棚。码头工人整天哼呵哼呵地呻唤着,面上粘着煤和汗,全身黑得像生铁。那些天天在汇泉浴场浸海水,让太阳晒焦了皮肤,自以为"健康美"的士女,跟他们一比,简直判若天渊。

天下乌鸦一般黑,青岛也和其他都市一样。不过它的矛盾似乎更加突出,只要不患色盲和神经麻木症,谁都看得出来。

在那里看到的人有两种,摩登,漂亮,和整洁优美的环境最和谐的,除了侨民,也许是上海天津赶去避暑的高等华人,也许是肚满肠肥的阔人巨贾,——在岛上作寓公的"宝眷"……土著可不是这样,譬如说妇女罢,短衫长裙,脑后梳一个光光的发髻,拐起三寸金莲在马路旁边槐荫下一拐一扭地走着的,那才是道地的本地人。

这不算希奇！一个乐观的人看起来，也许不过是莞尔一笑：吓，好玩！——当青岛给德国人占据以后，几年当中，让他们把这一片蔓烟衰草的荒地，经营得好像蓬莱仙岛的时候，许多达官贵人就像发现了现世武陵，纷纷投向日耳曼德国的荫庇下去做隐士，面对一碧如染的大海，啸傲云烟，乐不思蜀了。但一向是自耕自食的岛上农民，却因此就不知流了多少血泪！他们的田地给强力收买了，他们的劳力为建筑桃源给白费了，他们在外国入侵者的眼睛里还是原始的野蛮人，为着一点小事，往往一枪就杀了他们。——灿烂辉煌的青岛是用血奠基的，然而逛青岛的人有几个愿意想到这些？

到青岛不久，我去游了一次崂山。

那是青岛的名胜，旅行青岛士女的足迹必到之区，游客可以在市内乘汽车，直抵山麓；山上也早为游客设下华美的饭店旅舍，青峰翠嶂流泉飞瀑之间，可以吃大菜，躺沙发，度最摩登的山林生活了。可是离崂山不远的李村，却依然跟中国内地最闭塞的乡村一样。

那里没有街道，还流行着隔日一次的市集。广场上熙熙攘攘，挤满了做交易和买东西的人群，繁星似的布篷子和货摊，卖粮食的，卖菜的，卖柴米油盐的，还有花花绿绿的日本货占着特殊的地位，闹闹嚷嚷，乱做一团。那古老的色彩，那带着浓厚的原始味的乡下人，使我疑心闯入了一个怀古的幽梦……

矛盾，矛盾！逼近看一眼，青岛就是这么个矛盾的集合体。可是在有些人的眼睛里，青岛是漂亮美丽的好地方，一片世外的桃源胜地！

一九三三年冬

故园春

故乡的三月，是田园诗中最美的段落。

桃花笑靥迎人，在溪边山脚，屋前篱落，浓淡得宜，疏密有致，尽你自在流连，尽情欣赏，不必像上海的摩登才子，老远地跑到香烟缭绕的龙华寺畔，向卖花孩子手中购取，装点风雅。

冬眠的草木好梦初醒，抽芽，着叶，嫩绿新翠，妩媚得像初熟的少女，不似夏天的蓊蓊郁郁，少妇式的丰容盛鬋。

油菜花给遍野铺满黄金，紫云英染得满地妍红，软风里吹送着青草和豌豆花的香气，燕子和黄莺忘忧的歌声……

这大好的阳春景色，对大地的主人却只有一个意义："一年之计在于春。"春天对乡下人不代表诗情画意，却孕育着梦想和希望。

天寒地裂的严冬过去了。忍饥挨冻总算又捱过一年。自春徂秋，辛苦经营的粮食——那汗水淘洗出来的粒粒珍珠，让"收租老相公"开着大船下乡，升较斗量，满载而去。咬紧牙齿，勒紧裤带，度过了缴租的难关，结账还债的年关，好容易春天姗姗地来了。

谢谢天！现在总算难得让人缓过一口气，脱下破棉袄，赤了膊到暖洋洋的太阳下做活去。

手把锄头，翻泥锄草，一锄一个美梦，巴望来个难得的好年景。虽说惨淡的光景几乎年不如年，春暖总会给人带来一阵欢悦和松爽。

在三月里，日子也会照例显得好过些。“春花”起了：春笋正好上市，豌豆蚕豆开始结荚，有钱人爱的就是尝新；收过油菜籽，小麦开割也就不远。春江水暖，鲜鱼鲜虾正在当令，只要你有功夫下水捕捞。……干瘪的口袋活络些了，但一过春天，就得准备端阳节还债，准备租牛买肥料，在大毒日头底下去耘田种稻。挖肉补疮，只好顾了眼前再说。

家里有孩子的，便整天被打发到垄头坡上，带一把小剪刀，一只篾青小篮子，三五结伴，坐在绿茸茸的草场上，细心地从野草中间剪荠菜、马兰豆、黄花麦果，或者是到山上去摘松花，一边劳动，一边唱着顽皮的歌子消遣：

荠菜马兰豆，
姊姊嫁亨(在)后门头；
后门舂破我来修，
修得两只奶奶头。

女孩子就唱那有情有义的山歌：

油菜开花黄似金，
萝卜开花白如银，
草紫开花满天星，
芝麻开花九莲灯，
蚕豆开花当中一点黑良心，
怪不得我家爹爹要赖婚。

故乡有句民谣：“正月灯，二月鹞，三月上坟船里看姣姣。”三月正是扫墓的季节，挑野菜的孩子，遇见城市人家来上坟的，算是春天的一件大乐事，大家高高兴兴，一哄而上，看那些打扮得齐齐整整的哥儿姐儿奶奶太太们，摆开祭祀三牲，在风灯里点起红烛，一个个在坟前欠身下拜。要遇见新郎新娘头年祭祖，阔人家还有乐队吹奏。祭扫完毕，上坟人家便照例把那些“上坟果”——发芽豆、烧饼、馒头、甘蔗、荸荠分给看热闹的孩子，算是结缘施福。上坟还有放炮仗的，从天上掉到地下的炮仗头，也有孩子们宝贝似的拾了放在篮子里。说说笑笑，重新去挑野菜。

等得满篮翠碧，便赶着新鲜拿到镇上叫卖，换得一把叮当作响的铜板，拿回家里去交给父母。

因为大自然的慷慨，这时候田事虽忙，不算太紧，日子也过得比较舒心。——在我们乡间，种田人的耐苦胜过老牛；无论你苦到什么地步，只要有口苦饭，便已经心满意足了。“收租老相公”的生活跟他们差得有多远，他们永远想不到，也不敢想。——他们认定一切都命中注定，只好逆来顺受，把指望托付祖宗和神灵。

在三月里，乡间敬神的社戏特别多。

按照历年的例规，到时候自会有热心的乡人为首，挨家着户募钱。农民哪怕再穷，也不会吝惜这份捐献。

演戏那天，村子里便忙忙碌碌，热火朝天。家家户户置办酒肴香烛，乘便祭祖上坟，朝山进香。午后社戏开场，少不更事的姑娘嫂子们，便要趁这一年难得的机会，换上红红绿绿的土布新衣，端端正正坐到预先用门板搭成的看台上去看戏。但家里的主人主妇，却很少有能闲适地去看一会戏的，因为他们得小心张罗，迎接客人光降。

镇上的佃主也许会趁扫墓的方便，把上坟船停下来看一看戏，这时候就得赶紧泡好一壶茶，送上瓜子花生，乡间土做的黄花果糕、松花饼；傍晚时再摆开请过祖宗的酒肴，殷勤地留客款待。

夜戏开锣，戏场上照例要比白天热闹得多。来看戏的，大半是附近村庄的闲人，镇上那些米店、油烛店、杂货店里的伙计。看过一出开场的“夺头”（全武行），各家的主人便到戏台下去找寻一些熟识的店伙先生，热心地拉到自己家里，在门前早用小桌子摆好菜肴点心，刚坐下，主妇就送出大壶“三年陈”，在锣鼓声里把客人灌得大醉。

他们用最大的诚心邀客，客人半推半就：“啊哎，老八斤，别拉呵，背心袖子也给拉掉了！”到后却总是大声笑着领了情。这殷勤有点用处，端午下乡收账时可以略略通融，或者在交易中沾上一点小便宜。

在从前，演戏以外还有迎神赛会。

迎起会来，当然更热闹非凡。我们家乡，三月里的张神会最出名，初五初六，接连两天的日会夜会，演戏，走浮桥，放焰火，那狂欢的景象，至今梦里依稀。可是这种会至少有七八年烟消火灭，现在连社戏也听说演得很少。农民的生计一年不如一年，他们虽然还信神佞佛，但也无力顾及这些了。——今年各处都在举行“新生活运动”提灯会，起先我想，故乡的张神会也许会借此出迎一次罢？可是没有。只是大地春回，一年一度，依然多情地到茅檐草庐访问。

春天是使人多幻想，多做梦的。那些忠厚的农民，一年一年地挣扎下来，这时候又像遍野的姹紫嫣红，编织他们可怜的美梦了。

在三月里，他们是兴奋的，乐观的；一过了三月，他们便要在现实的灾难当中，和生活作艰辛的搏斗了。

一九三四年春

车厢生活

你可是倦于风尘的行客，常常百无聊赖，兀坐车上，不觉得人生的倥偬吗？

无休止的奔波，而时间的脚步反显得特别迟缓。轮声辘辘，而你闲着；心情却又永无宁止地跟着车轮急转，恨不得刚刚踏上旅程，便把时间空间同时缩短。你感叹劳生栗六，生活压扁了年轻的心。对火车的感觉你只是匆促、无聊、呆板，因此一上火车，你照例是斜倚车座，打盹睡觉。

但火车于我是亲切的。我曾经在两条长长的直线上辗转往来了一个多月，生活就全在那狭长的活动的匣子里面。火车成了我暂时的家。

曾经憧憬于船家的风趣，想象着那种浪荡江湖，浮家泛宅的日子，一定过得很有声色。这理想的流动的家，有一次却意外地实现了。——虽然它不在水上。那是一种新鲜多彩的生活！

车上时间的行进，虽然不免有点错觉的迟缓，但是并不呆滞。它像一个健实的年轻人，眼睛和脚步永远朝着前面。在车行中间，我总是凝神向着窗外，捕捉那瞬息万变的世界。我看着烈日下的绿色山原，小村中的灰色破屋，劳作着的老农和瘦牛，看着星空下远方的灯火，向天空私语的河流……它们像银幕上的映画，在眼底惊鸿一瞥地逝去了，紧接而来的是另一个新的境界。这视野不断的刺戟，给了我对自然和人事的丰富的联想。我曾经看见过一片荒芜辽阔的田野，插满蓝布和红布的小旗，丛集了无数农家妇孺，正在忙忙碌碌地捕捉蝗虫的伟大场景。——一幅刚劲有力的，农民和灾难作艰苦斗争的动人图画。这图画也像闪电似的飞过去了，但是它给了我许久的感动，使我到后来一想到它，便悠然神往于丰富多样的旅途见闻。

火车过站，喘着气，在轨道上休息的时候，我就跑到月台上闲散片时，去看那一片忙乱的站驿景色。

眼前忙乱着的是带着零星物件的旅客，面上显着浓重的风尘之色，慌慌急急地在人丛中走。挑夫的红背心，有着最动人的光彩，那红色的肩上驮了笨重的箱笼行李，低头弯腰，健步如飞地来往。小贩紧抓住这短促的机会，托了木盘，扬起喉咙，反复高喊夸耀食品的警句，殷勤向旅客兜售，让他们在寂寞的旅途中间，尝一点异乡风味，同时听一点异乡的叫卖声——那常是有浓厚的乡土色彩的音乐。如果那一站地域不小，车站外还拥挤着大批车夫马夫，预备为旅人代步效劳；许多旅馆的招待，也在争先恐后地招客歇宿。一切热烈到极点，也温暖到极点。

有时正当傍晚，或在夜半，火车经过并不停歇的小站，轨道尽头处落日苍茫，或则天角斜悬着一钩残月，站上灯光黯淡。火车长啸一声匆匆过去了，只剩下扬着绿旗的车站职员，寂寞地站在月台上。那一番轻愁宛转的旅途景色，真耐于细细咀嚼。

车站上的过客，倥偬是一个特征，忙碌又是一种本色。——他们大都是事业与生活的奔波者。也许会有优暇的游客，却不会有游手的闲人。你试用冷眼去观察那些人的神色与行动，挥泪送别的多情的友伴，彼此红着眼相对无言；还乡的游子跳下火车，展露出关不住的笑容；落拓的流浪者因为没有钱买票，查出后被半途赶下车去，彷徨无主地兀坐在月台上……在车站上所看见的人事悲欢，都是最值得爱与同情的人生片段。

那一次三十多天的旅行，使我这平凡的生活接触了多少陌生的境界，印上了多少佳丽的湖山胜景。——可惜我还无缘邂逅几个萍踪浪迹、经验丰富的旅人，听他们在无聊之际，讲讲天南地北的奇见异闻。

一九三四年

夜 行

夜静，灯火阑珊，从热闹场中出来，踽踽独行，常感到一种微妙的喜悦。

街上清冷，空远辽廓，仿佛在寂寞秋江，泛扁舟一叶；偶然有汽车飞驰而过，又使你想到掠过水面的沙鸥。而街角远处，交通灯的一点猩红，恰似一片天际飘坠的枫叶，孤零零地开在岸畔的雁来红。

上海的白昼汹涌着生存竞争的激流，而罪恶的开花却常在黑夜。神秘的夜幕笼罩一切，但我们依然可以用想象的眼睛看到这人间天堂的诸种色相。跳舞场上这时必是最兴奋的一刻了，爵士乐缭绕在黝黯的灯光里，人影憧憧，假笑佯欢的，靠着舞客款款密语；寻花问柳的，感到了女性占有的满足。出卖劳力的，横七竖八地倒在草棚里，无稽的梦揶揄似的来安慰他们了；多美，多幸福，那梦的王国！而有的却在梦里也仍然震慑于狞恶的脸相，流着冷汗从鞭挞中惊醒。做夜工的，正撑着沉沉下垂的眼皮，在嘈杂的机械声中忙碌。亡命与无赖也许正在干盗窃和掠夺的勾当，也许为了主子们的倾轧，正在黑暗中攫取对手的性命。也许有生活战场上的败北者，怀着末路的悲戚，委身于黄浦江的浊流，激起一阵小小的波浪以后，一切复归宁静。我们还可以看到，在灯光如豆的秘密所在，还有人为着崇高的理想，冒着生命的危险；他们中间不幸的，便在星月无光的郊外受着惨毒的死刑……

你可以这样想象，事实也正在这样搬演；但眼前展现的，却是一片平静。——人海滔天，红尘蔽日的上海，这是仅有的平静的一刻。

烦嚣的空气使心情浮躁，繁复的人事使灵魂粗糙，丑恶的现实磨损了人的本性，只是到了这个时刻，才像暴风雨后经过澄滤的湖水，云影天光，透着宁静如镜的清澈。虽然路上人迹稀少，可是你绝不会因此感到寂寞。

坐在清冷的末班电车上，常常只有三三两两晚归的乘客，神态逸豫，悠悠对坐，仿佛彼此莫逆于心，不劳辞费。卖票员闲闲地从车座底下拿出票款，一堆堆闪亮的银角，暗黄的铜板，耐心地点着数，预备进了厂就赶快交账，回家休息。偶尔在无聊中闲谈起来，随随便便，仿佛大家本来就是相熟的朋友：卖票人与乘客在白天那种不必要的隔膜，此刻是烟消云散了。

拖着空车的黄色车夫施施而行，巡捕静悄悄地站在警亭下，也不再对车夫怒目横眉，虎视眈眈。看到这种彼此相安，与世无争的境界，我常有一种莫名其妙的冲动，想跑上去跟他们攀谈几句，变换一点无垢的安慰，倾诉一点歆慕的心情。

要是腹中空虚，可以随意跑进一家小铺子里去当一回座上客。铺子是小的，店堂湫隘腌臜，花不了多少钱，却完全可以换得一饱。这里没有什么名贵西餐，满汉酒席，苏扬细点，山珍海馐，精致美味；但你去看看周围的食客，一碗牛肉汤，一碗阳春面，有的外加二两白干，浅斟细酌，品味着小市民式的餍足。面对那种悠然自得的神情，你会不由得从心里尝味到一种酸辛苦涩而又微甘的世味，同时想起那俗滥的诗句，真的是“万事不如杯在手，人生几见月当头”。

浏览一下铺面的景色，又会“别有一番滋味在心头”。古朴的陈设，油腻破旧的桌椅，蓝边大碗，寿字花的小酒盅，壁上威武的关公画像，砧板上雪亮的刀子，红色的牛肉，炉灶上熊熊的火光，在满是油污的伙计脸上闪烁，实大声洪的大声叫唤……这光景会使你自然地想到《水浒》里描写的场面，恍惚回到了辽远的古代。

尔虞我诈的机心暂时收敛了，残酷的杀伐挂起了短期的免战牌。

夜深沉，上海这个巨人睡熟了，给了我们片刻的安静。但我们期待的，不是这种扑朔迷离的幻境，而是那晨曦照耀的黎明。

一九三五年

狗　　难

刮着风，天上有雨意。一个深秋的阴晦的午后，我从上海近郊踽踽地跑回寓所。

经过一处荒场的时候，耳边送过一串呜呜的狗哭，夹杂着断续的吠声，听起来悲哀而惨厉。

荒场上有乱莽莽的衰草，萧萧的白杨。一座孤坟上站满了人，大半是拾荒的孩子，目光都望着坟旁那个用洋铁皮围成的小型圜墙；圜墙四周也围着人，一个个弯着腰，把头贴近圜墙的隙处，仿佛正在窥探里面的秘密。

我好奇地走近去，一只狗正在里面作悲愤的绝叫；但忽地砰然一声，破空而起，同时那叫声就寂灭了。

我挤进人丛，找着一个小小空隙，也开始向里面窥探。——原来那是个“狗牢”，每天从街头巷尾被用铁车捉了去的野狗都关在这里，这时候正有人在执行野狗的死刑。

我占的地位很好，里面的一切看得很清楚。狗牢的一面有一道门，进门处就用铁丝网划出个小小的地位；铁丝网的防线以外，大约有几十匹大小不等的野狗，彷徨无计地来回走动。

它们的眼睛发着异样的光，尾巴下垂，像一群饿狼。但它们的眼色是乞怜的，而且神情也显然不能镇静了；无可奈何地徘徊瞻顾，哭泣般呜呜地叫着。有的侧过头望望铁丝网里面的人——它们的刽子手，接着昂首向天，绝望地狂吠几声，似乎要乞求制裁；有的沿了洋铁皮的墙脚惶惶然走着，走到墙角边，略一犹豫，便纵身向墙顶跳去，想逃出这末日的惨劫，可是墙太高了，跳墙的结局只是被猛的摔倒在地上……

铁丝网里面走出一个汉子来，拿着一根竹杠，杠头上有一个活络的铁丝圈。

平时曾经听到过许多"义犬救主"一类故事，当那汉子闯入狗群的一刹那，它们便很快地从我的记忆中浮起，想到狗子们那一份天赋的聪明勇敢，我禁不住为那汉子担忧：我想他也许会被那些亡命之狗所包围的。可是接着我立刻知道那是一种可笑的杞忧了，为因他刚跑出铁丝网，狗子们就吃惊似的远远避开。

汉子对准一只壮大的黄狗走去，那黄狗只是后退，等到逼近身边，悻悻然张开口来的时候，却早被那汉子从容举起竹杠，用铁丝圈套住了它的头颈，——它的同类张皇地目送着它被拉进铁丝网，于是又彷徨无计地来回走着，呜呜地哭泣。

黄狗用它所有的力气在挣扎，在狺狺地绝叫，却被竹杠抵住了，动弹不得。另一个手里拿着怪异的手枪的人，把枪口对着了它的脑袋：砰！黄狗的眼睛应声翻了白，默默地倒下去了。汉子随手将它丢在一边，那儿堆着十几匹血痕狼藉的狗尸。

我闻到了一股刺鼻的血腥。

汉子又跑出铁丝网来了，这一回捉住了一只有点癞皮的黑狗……我接连看了这被宰割的悲剧，最后向那些正在呜咽、呻吟、彷徨无计的狗子们，投了失望的一瞥，便匆匆离开了荒场。

呜呜的鸣声还是从后边传来，我有点悲戚。世上有一种奇怪的动物，他们有天赋的聪明，可是这聪明只用于对主子的愚忠；却没有合群自卫的习惯。狗子们的结局我已经看见了：跟黄狗和癞皮的黑狗那样，一例的，分别的宰割，直到最后一匹。

我恍惚参观了人间地狱的一面。

天色显得更灰黯，昙云压得低低的，恐怕就要下雨了。

一九三五年

野　渡

你可曾到过浙东的水村？——那是一种水晶似的境界。

村外照例傍着个明镜般的湖泊，一片烟波接着远天。跑进村子，广场上满张渔网，划船大串列队般泊在岸边。小河从容向全村各处流去，左右萦回，彩带似的打着花结，把一个村子分成许多岛屿。如果爬到山上鸟瞰一下，恰像是田田的荷叶。——这种地理形势，乡间有个“荷叶地”的专门名词。从这片叶到那片叶，往来交通自非得借重桥梁了，但造了石桥，等于在荷叶上钉了铁链，难免破坏风水；因此满村架的都是活动的板桥，在较阔的河面，便利用船只过渡。

渡头或在崖边山脚，或在平畴野岸，邻近很少人家，系舟处却总有一所古陋的小屋临流独立。——是“揉渡”那必系路亭，是“摇渡”那就许是船夫的住所。

午后昼静时光，溶溶的河流催眠似的低吟浅唱，远处间或有些鸡声虫声。山脚边忽传来一串俚歌，接着树林里闪出一个人影，也许带着包裹雨伞，挑一点竹笼担子，且行且唱，到路亭里把东西一放，就蹲在渡头，向水里捞起系在船上的“揉渡”绳子，一把一把将那魁星斗似的四方渡船，从对岸缓缓揉过，靠岸之后，从容取回物件，跳到船上，再拉着绳子连船带人曳向对岸。或者另一种“摆渡”所在，荒径之间，远远来了个外方行客，惯走江湖的人物，站到河边，扬起喉咙叫道：

“摆渡呀！”

四野悄然，把这声音衬出一点原始的寂寞。接着对岸不久就发出橹声，一只小船咿咿呀呀地摇过来了。

摇渡船的仿佛多是老人，白须白发在水上来去，看来极其潇洒，使人想到秋江的白鹭。他们是从年轻时就做起，还是老去的英雄，游遍江湖，破过运命的罗网，而终为时光所败北，遂不管晴雨风雪，终年来这河畔为世人渡引的呢？有一时机我曾谛视一个渡船老人的生活，而他却像是极其冷漠的人。

这老人有家，有比他年轻的妻，有儿子媳妇，全家就住在渡头的小庙里。生活虽未免简单，暮境似不算荒凉；但他除了为年月所刻成的皱纹，脸上还永远挂着严霜似的寒意。他平时少在船上，总是到有人叫渡时才上船。平常绝少说话，有时来个村中少年，性情急躁，叫声高昂迫促一点，下船时就得听老人喃喃的责骂。

老人生活所需，似乎由村中大族祠堂所供给，所以村人过渡的照例不必花钱。有些每天必得从渡头往返的，便到年终节尾，酬谢他一些米麦糕饼。客帮行脚小贩，却总不欠那份出门人的谦和礼数，到岸时含笑谢过，还掏出一二铜子，琀琅一声，丢到船肚，然后挑起担子，摇着鼓儿走去。老人也不答话，看看这边无人过渡，便又寂寞地把船摇回去了。

每天上午是渡头最热闹的时候，太阳刚升起不久，照着翠色的山崖和远岸，河上正散着氤氲的雾气，赶市的村人陆续结伴而来了，人多时俨然成为行列，让老人来来回回的将他们载向对岸；太阳将直时从市上回村，老人就又须忙着把他们接回。

一到午后，老人就大抵躲进小庙，或在庙前坐着默然吸他的旱烟，哲人似的许久望着远天和款款的流水。

天晚了，夕阳影里，又有三五人影移来，寂寞而空洞地叫道：

“摆渡呀！”

那大抵是从市上溜达了回来的闲人，到了船上，还剌剌地谈着小茶馆里听来的新闻，夹带着评长论短，讲到得意处，清脆的笑声便从水上飞起。但老人总是沉默着，咿咿呀呀地摇他的渡船，仿佛不愿意听这些庸俗的世事。

一般渡头的光景，总使我十分动心。到路亭闲坐一刻，岸边徘徊一阵，看看那点简单的人事，觉得总不缺乏值得咀嚼的地方。老人的沉默使我喜欢，而他的冷漠却引起我的思索。岂以为去来两岸的河上生涯，未免过于拘束，遂令那一份渡引世人的庄严的工作，也觉得对他过于屈辱了吗？

一九三五年

柯灵（前排中）与明星影片公司同仁合影

1947年夏在庐山

路　亭

行路难，昔人常指边鄙僻远之区，而不知现代的通都大邑，行路更难。除非你是有车阶级，出门只靠步行，那么不但行人如鲫，市虎可畏，会增加紧张和疲劳，如果走得乏力，双腿酸痛，寸步难移，你绝对找不到一个立锥之地，让你歇一歇腿，缓一口气。——大都市中有的是交通利器，却大抵和路人无关。公共交通之拥挤，令人望而却步。满眼摩天大楼，马路宽广整洁，但你休想找个“民亦劳止，汔可小休”的机会。你不惜破费悭囊，走进咖啡馆去，买个片刻安闲，那却又是另一回事了。

我不幸拙于行路，又和冯驩同病，既有无车之叹，却无由弹铗而歌。遇到这种时候，就常常不由得想起乡间的路亭。

在故乡，村庄市镇之间，只要相隔三五里，中途大概有一两个路亭，专供行人憩坐。——路亭建筑简陋，地位常据着往来的通路，大小才如斗室。也许是四根石柱，四角顶，四面通风，犹如在中国画里常见的茅亭，雅有古意，不过顶上盖的是灰色的瓦片。也许和农家近似，长方形，但三面砌墙，一面临空，当路的两壁开着无门的门框。设备却大体一样，靠壁架石作凳：不嫌简慢，请君稍息。

别看它破陋寒伧，貌不惊人，在长途跋涉的劳人心里，这却是沙漠中的一掬清泉，人生道上的一个站驿。

江南泽国，交通多靠船舶。乡村与城镇之间，大抵有专供乘客载货的白篷“埠船”，花几个铜板，便可以依靠双桨一叶，平安到岸。可是“埠船”早出晚归，一天只一度往返；时间呆板，无法伸缩，而且虽然所费戋戋，毕竟未免不够经济。有钱人出门，可以专雇乌篷小船，舒适迅速；一般庄稼汉，为了惜时省钱，却大抵连“埠船”也免坐了，委屈一双脚，来去都是跑路。

赶市的村夫农妇，或者担着辛苦经营的菜豆瓜果、鱼米柴草到街上求售；或者提篮挑筐，到街上去买办日用杂物、农事工具；或者因为借贷无门，挟些不值钱的衣物破烂上当铺去质钱……每天清早，朝阳初窥田野，便沐晨风，带晓雾，从村里出发，哼哼唧唧，形成行列，快步赶上镇去，直要到事毕功成，事倍功半，或者事败功亏，才循原路赶回村里。

奔波忙碌了半天，人是倦了；而“不如意事常八九”，乘兴而去，常常败兴而归。心情懊丧，双脚沉重，生理和心理的倦怠形成双倍的压力。幸而半路有个路亭，排闼迎人，容他们且住为佳，使身心暂时有个着落。吹一阵凉风，扯一阵闲话；再闲闲地抽一筒旱烟，让生命获得片时的苏息，好再鼓起勇气，继续上路。不巧遇上意外的天气变幻，更可以在路亭里求得荫庇，聊避风雨。试想这对疲倦的旅人，是何等温煦的抚慰！

路亭所处的位置，不但富于实用价值，又多似高明的画师布局，引人入胜。有的点缀田畴广野中间，“前不把村，后不着店”，亭亭玉立，不但使无垠的平原减少单调之感，还便于旅途修长的过客及时小驻；更可以接待天涯沦落的流浪人，无处投宿时借此歇夜；对田头劳作的农民，这又是天然的耕余休息之地，日中时刻，可以静坐进餐，冬避朔风，夏避炎阳。有的高踞岭背，峰回路转、两村交界之处，翼然一亭，挺秀如画。山行较平地费力，行人跑到岭上，大都气息咻咻，汗流浃背，在路亭的石条凳上坐憩片刻，听山风苏苏从树梢掠过，投下一身清凉。有的筑在河滨，面临盈盈的流水，傍着霭霭的绿荫，便利行人随意歇脚，等待摆渡或过往的船只……

离我老家不远，有两个路亭，是我幼年踪迹最频之处，年齿渐长，得闲还常去盘桓。大江沿有个过渡亭，好像建筑得特别讲究，地位大，墙壁石凳，整齐可观，临河还有宽广的双面“埠道”；一到夏季，晚霞掩映中，那里差不多成了公共浴场。亭前石柱上，刻着两副对联，记得其中的一副是：

山色湖光，四时佳兴。

早南晚北，廿里官塘。

对联虽然并不高明，但山色湖光，并非虚语。普通路亭，虽也有对联点缀，却无非是“稍安毋躁”、“小坐何妨”之类，这样“风雅”的对联是例外。不过疲倦的行人，谁也不计较这些。

“修桥铺路造凉亭”，在乡间是标准的善举。出钱的也许未必全出于体贴行人的苦辛；但对倦乏的旅人，这可真算得是一种值得感谢的功德。物质文明突飞猛进，日新月异，路亭可能早晚要进历史博物馆，但我却深望世界建筑史上，将为它特辟一章，用最美的笔墨，描述它特殊的风貌和品质。

一九三五年

生　涯

黄昏孕着寂寞。独坐在初明的灯下，我怀念着一个人。

我们认识已经很久了，可是直到现在，我还不知道他的姓名。每天黄昏，我带着一身微醺般的劳倦，从工场回到寓所。不久他就像一个黑影在门口出现，带着行脚人倥偬的神色，从挟着的大叠报纸中抽出一份，匆匆放下："先生，报！"于是一转身，背影消失在黑暗中了。

我习惯地翻开他留下的晚报，开始从那上面去猎取各种奇怪和平凡的事情：侵略、战争、绑票、抢劫、恋爱、自杀、血和泪、悲剧和喜剧……

整整两年，因为他风雨无间地来到，虽然每天都不过草草一面，时间久了，也渐渐相熟起来。

样子显得有点猥琐，看来年纪该有五十多岁了吧？一张多皱的脸，说明他是一个人生道上的倦旅；性情很和气，黄昏时我偶尔出门，在路上遇见了，总是笑着将报纸递过："先生，对不起！请你带去好吗？"看那种谦卑欢喜的神情，仿佛这对他也是一种很值得感谢的方便。

遇着过节，他也来索取酒资。给他两毛钱，他就感谢不尽。

一个严寒的冬夜，外面是漫天的风雪，我的房间里也生起了炉火。送报人照例来了，推开门，跟着一阵风，他探进了半个身子。他的头上和身上都积了很厚的雪，一件薄薄的破棉衣，使他十分缩瑟，犹如风前的残烛；鼻子冻得通红，脸上却憔悴得好像黄蜡。但他还是匆匆地丢下报纸，又匆匆地走了。

对着熊熊的炉火，我忽然为一种无端的怅惘所袭击。

人类生活在这世上，靠了幸运，有的人悠游终日，享受着人间一切幸福；有的人整年都在为生活忙碌，还受着饥寒的威胁。——他们没有明天，也永远没有休息；他们忙碌一天，勉强生活一天，不然就会饿死。这一点平凡的生的苦恼，使我对那在风雪中奔波的人有了同病之感。

隔了不久，送报人的踪迹忽而杳然。

我惦记着他，我想也许这人是病了。果然，一星期以后，门前又出现了一张瘦骨嶙峋的脸。神色已不像先前的张皇，迟疑地站了一会，述说他自己生了病。他说他几天没有来，大概我已经另外订了报，所以他要把报费收去。

我感到亲切，仿佛邂逅了久别的友人。可是我没有跟他说一句话，给了钱，并且要他继续送报来。他感激地收下了，又站了一忽，说他这一次生病用了许多钱，不能卖报又断绝了经济来源，因而使眼前的生活变得更艰难。说话里带着叹息。

最后他留给我一个苦笑，寂寞地掉过身子，这以后他仍然风雨无间地每天送了报来。

我们不是朋友，在不同的生活圈里，友谊也许无从生发，两年时间的累积，却使他在我的心里也占了一席，可是在三个月以前，他终于绝迹不来了。

看报的习惯使我感到不舒服，但我愿意每晚跑到街上去买，我等着他来继续送下去，他在我这里还留着将近一个月未收的报钱。但时间过去了一个月，两个月，他还是毫无消息。他似乎永远不会再来了。

也许病了？也许离开这里飘泊去了？或者，竟抛下了那一份惨澹的生涯，悄悄地离开人间了？……世界是广阔的，谁知道一个微弱的生物的结局呢！

一九三五年

古 宅

踏着自己瘦长的影子，在漫不经意的闲步中，我又跑到那墓场似的古宅边来了。

夕阳惨红，还挂在远山的一角，无边的静寂笼罩着市镇和田野；小道尽处，兀立在西风残照中的那一座大宅，也就显得分外的阴黯。

孤零零的屋子，只是左旁蹲着几间矮檐的茅舍。围墙高耸，看不见屋顶；粉墙早变成灰褐，经年的风雨又雕画了许多离奇的图案，深翠的常春藤却长得蓊蓊郁郁。宅旁是一条小溪，被夕照染得通红。——埠道边有一女子，正俯身把双手插入流水，是在浣衣还是淘米呢？——相传这面山带水、景色幽丽的地方，名字叫做“龙舌嘴”，想象那古宅在鸠土兴工以前，一定曾耗费过不少堪舆家的苦心吧？

大门虚掩着，黑沉沉的并排八扇，有时可以看见一二人影默然进出；而此时却有少妇倚门独立，轻愁宛转，是在期待着久别的天涯归人？或者别有着什么难言的哀戚？一匹野狗在照壁前面懒懒地走过，横着头看一看路人，也不出声，就到大门边去躺下了。

这古宅的事情，我知道得太少，除了偶然听说这份人家曾经很阔以外，它就像一个秘密，终年封锁在虚掩的大门里，从不透露到外面。

但我的记忆里却有几个人影，由淡而浓，映画似地浮动起来了。

说起来已经十分渺远。我的童年是过得很寂寞的，常常独自溜出阴森的家，跑向黄昏的街头，静静的田野与小山，正在演着社戏或傀儡戏的热闹场所，睁着稚弱好奇的眼睛，去看一切自己所不能了解的事物，当时有许多印象，至今还占着我心坎的一角。

我仿佛看见一张苍白的脸了，那是女性的脸。年纪大概有二十六七了吧，但也许竟是三十。修长的眉，隐在疏疏的刘海底下，可是眉间常有一抹轻愁，如黛色的远山笼了一层银雾。她有玲珑好看的嘴唇，却从来不见它为笑影所开绽。眼睛为什么总是止水样的沉滞？但偶一闪动时，还有着青春未谢的光辉。镇上演戏时，她就在剧场某一处的看台上出现。那样地沉静，那样寒梅似的素妆！鬓边簪上一簇白花——是玉兰，是茉莉呢？最为我所倾心的却是那一枝软梗并蒂莲垂的银钗，在她偶一回头时那不胜羞怯似的连连颤抖。她对看戏好像永没有疲倦，每一个剧场中很少没有她，而戏台上的悲欢离合，又没一次不使她神移心往，即令是一个孩子，只要留心她时，也能够看得出来。

我又看到了另一个女人的影子。那是鹁鸪似的怪物，身体痴肥如面包，满是雀斑的面上，总涂满了林逢春香粉，再抹上浓艳如丹的胭脂。头髻直坠到后肩，双鬓微弹，圆圆地盖住了双耳。太阳穴上经年贴一对头痛膏药，表明她是一颗多愁善病的种子。年纪大概三十多了，但也许竟是四十。她爱笑，笑声奇怪得使人联想到荒山野坳中什么怪鸟的歌唱；跑完一条小街，每隔三步五步，总有一个熟人相逢，言无数语，便送出一阵笑声。有一个时期，我只要跑到我家的门口去，就常常听到这笑声从对门的药材铺子里传出来。药材铺里有一个中年的风流医生。

还有一个却是当时年龄和我相仿的孩子，衣着不整，身上又极其肮脏。这孩子好像从不接触书本，却也从不参加割草放牛的队伍，黄瘦羸弱，整天在街上闲荡，像水上的浮萍。惯常傻傻地作着毫无理由的干笑，并且用牙齿咬住自己的手背，把姜色的肌肤橡皮一样拉得很长，两只手背都被这奇怪的习惯弄得满是血茧。有些街上的闲人，一遇到这孩子，就用手放在口边作个提示，说："喂，来一下！"孩子也从不推辞，起劲地咀嚼起自己的皮肉来。在人家戏弄的笑声中，他也嘻开了那不可思议的嘴巴……

这光怪陆离的角色，正是那座庄严高大、古趣盎然的宅第中人。但这已经是十几年前的事了。

几时能够到这里面去看看？——每一次散步经过宅前，总是引起我这样的遐想，可是从未遇到过机会。偶然从半掩的大门望进去，第二道的影门又紧紧地关着，"侯门似海"。

屋子大概很深很大，可是主人已经很潦倒，灰黯的窗和壁，破旧的家具，也许还有几张颓唐的脸，在静中追索过去的繁华。但门前独倚斜阳的少妇，却使我想起一个寂寞的深闺，帘幕低垂，昼静如夜，日长似年，在芭蕉投绿的窗前，有人俯首默默地刺绣，纤纤的双指千针万针地不断牵引。倦来时一手支颐，沉思般呆着。屋后还该有个遍种修竹的园子；梧桐院落，满地爬着苍苔，颓败的花坛里，杂乱地种了些芍药和秋海棠。

可是我知道这不过是幻想的炫惑。

我记起流行在镇上的一首歌谣来了：

穷呀穷，
覅到"四家头"里打短工！
出畈乌蓬松，
chü 畈点灯笼，
觅菜梗，两头空，
盐封干菜透起松，

臭霉豆腐搭桥洞，

chien 筷鱼烤看面孔。

讨讨工钱——乃姆妈欠 nga 米钱 tung！①

我们的生活里充满着不平。许多人胼手胝足、流血流汗，养不活自己；少数人却用欺诈剥削来满足罪恶的私欲：肥美的土地，妖媚的姬妾，峨巍的屋宇，还准备后世“克绍箕裘”，永垂不隳。可是他们的雄图不一定实现。他们中最好的结果，不过是产生一两代孝子贤孙，凭借余荫，替社会延长若干黑暗的生命。而更多的是膏腴锦绣，声色犬马，悖入悖出，挥金如土，颐指气使，不可一世。结果却像《红楼梦》里甄士隐所慨叹的那样：“陋室空床，当年笏满床；衰草枯杨，曾为歌舞场；蛛丝儿结满雕梁，绿纱今又在蓬窗上。”……

在小镇上，谁都知道龙舌嘴上古宅的名字就叫“四家头”，虽然古宅的旧事，已经从人们的记忆里剥蚀得了无痕迹，只留下一些白痴孱儿，旷妇怨女，但“穷呀穷”的歌谣，却永远在人们口里唱着，直唱到有一天，那古宅在暴风雨中坍毁。

一九三五年

① chü 和 chien 都是动词，前者意同“归”，后者同“夹”，nga 是“我们”的意思，鲁迅先生在“无常”中曾经用到过；tung 是助词，我找不出适当的方块字把它翻译或解释出来。

秧 歌

我的记忆里,有一片来自田野的歌声。

在醉人的春宵,平静的夏夜,大地为一片银色所催眠,仿佛连低鸣的虫声也要休息。在无灾无难的太平岁月里,农民在一天的劳累以后,渴望放纵与快乐。遇着农家少年兴高采烈,冷僻的村上,便会有一种叫做秧歌的戏剧在草场上出演。

几扇破门板搁在长凳上,就成了舞台,宽度只够两个人在上面打个回旋;台尾竖起一块门板,留下尺把宽的地位作后台,就让演员在那儿化妆扎扮。台顶有时搭上两扇竹篾的篷子遮风,有时就头顶星空,餐风吸露。台前点起两盏煤油灯,灰黄的光晕散落在田边河边,引得无数的绿色小虫和飞蛾蚱蜢,绕着灯光团团地飞舞。

看客是村里的嫂嫂婶婶,大牛叔阿狗哥,最多的却还是刚成年的农家少年和少女。女的自己端一张长凳来靠边头坐着,男的就挨挨挤挤站在当台。

戏开场了。没有开场锣鼓,唱秧歌戏的乐器本来就只有一把胡琴一副檀板,现在就先来一段过门。遇到热闹场面,再加一只平常用的红花瓷碟子。——使用的人把它夹在左手的食指中指之间;大拇指和食指拈住一只竹筷,其余的三个指头托住瓷碟,上下迎接,竹筷正扣在碟子的口上。同时右手也拿一只筷子,在碟子边上打出一串联珠般的颤声。一扣一击,叮叮当当,敲金碎玉,在幽怨的琴弦里,居然就是一种和谐动人的音乐。

秧歌戏是没有戏班的，演员也不是职业演员。村里爱娇喜闹的小伙子，镇上的浮浪汉，没事时哼哼唱唱，唱会了请个人教些台步戏架，聪明伶俐的，不久就可以登台表演，博得台下激赏。角色简单，一个男扮女装的花旦，一个小生兼做小丑，再加上一二闲角，拢总不过四五个人。道具是一张半桌，两张椅子，还有些木头的杯盘等物。服装更好办，生丑一例，一件竹布长衫，手上拿把折扇；花旦自己只备包头的花饰，穿的衣裤总得临时向村里妇女借用，也许是绿色充华丝葛的短衫，也许是印花洋布的裤子，总之是村上最标准的时髦服装。无论是姑娘阿嫂，都乐于从箱底挖出她们心爱的时装，来尽这一份义务；看着台上那个搽了满脸脂粉的粗野男子，穿了她们的不相称的衣服扭扭捏捏出台，送上个会心的微笑。

秧歌戏的内容和形式都很单纯。也有唱词（调子好像只有一种），也有说白，但更多的是嬉谑调笑，插科打诨，生旦出场，先来一段胡琴的过门，接着是唱四句引子，然后坐下来自报家门，表白心情；但丑角出场就可以来一段插科打诨的自白。演技也非常简便。内容表现的只是男女间的私情——一些原始的偷情爱恋和嫉妒。

情节很少复杂性，常是一个折子，一场可以演完。比较正派，并且有普遍性，各种地方戏剧都在上演的是有情有义的《庵堂相会》，其余的都很村野，思春发情的动作和语言也可以在台上出现。我还记得几出最普通的戏，《打窗楼》里描写一个女子爱一个男子，不久又移情别爱，那男子生了气，深夜跑去用石子打她的窗门，结果是两个和好如初。《老实头人烧香》写的是尼姑的生理苦闷。这戏里有一个老实的打柴少年，母亲病了，到一个庵里去烧香拜佛。一个怀春的尼姑看上了他，用种种手段诱惑他实行了那一件男女间平凡而又神秘的事情。这戏最淫秽，偏又最受观众欢迎，有几句大胆的唱词表达她内心的秘密，意思是如果能和那后生同床共枕——

我打落十八层地狱也甘心！

宗教迷信的神圣，封建道德的尊严，全被这爆炸性的烈火烧毁了！

就因为秧歌戏的“淫秽”，在上流社会里是一个代表罪恶的名词，维护风化的警察就要禁止；可是乡下的年轻人爱看，特别是姑娘嫂子（虽然老年的父母翁姑也常常反对）。年轻女子没有恋爱的自由，所以她们爱看秧歌戏。看到那些会心处所，也许会有男子向她们深意地笑上几声，朴实的脸蓦然一阵红，可是也笑开了。——她们被抓着了痒处。

秧歌戏的起源，我不清楚。好像听说过，是在五月插秧的农忙节季，唱了来调节疲劳的，所以叫“秧歌”。不知道是不是说得对。可以想象的是它的产生一定已经很久，是在种田人可以安居乐业的时候。在礼教森严的社会里，它无疑是一种不顾一切的挑战，表现了反抗，也表现了粗野。

不看故乡的秧歌戏，大概有十年了吧？那美丽的乡村的夜景，那田畔的灯光，那拙朴的舞台，那胡琴声里一张张原始的笑脸，却都还隐约记得。

那时时势还没有这么艰难，所以只要兴致好，便不会缺少看秧歌戏的机会。

演一次秧歌戏的代价，大概四五块钱也就够了，因为演员原不靠唱秧歌过活。钱以外，有时还要斗把米，或者几十个鸡蛋。只要有人做“头家”，凑集经费便不怎么困难；姑娘家没有力量出钱的，也会悄悄地偷了家里的米和蛋，瞒着家人踊跃输将。——自然，这也已经是回忆中发霉的旧话了。

一九三六年

闸

我生长在一个小市镇上。

和多数越中的乡村一样，有些山和水，点缀平原景色，就像村姑鬓边的野花。小街平静如太古，田野间铺开一片锦绣。在阳光下，在风雪中，在灰色的小屋里，有些用劳动创造了历史、却又从不在历史家笔底出现的人物，胼手胝足，辛苦而乐天地工作着，顽强得好像水牛。他们平凡地生活，平凡地老死；死了被埋入土丘，活着也无人注意，连从这乡土间生根吐芽后来又流落异地的游子，也容易把这些亲切的面貌模糊了。

永远活在游子心里的，是那些终古长流的小河。

这市镇有水村的秀逸：小河萦绕，长年不倦地作着活活的絮语，仿佛诗人窅深的独白。水是清澈的，春来水面漂着玲珑的浮萍；一到冬天，满河是嫩绿的菜叶。桨声终夜不断。

托小河的福，我们故乡从没有水灾，也从没有大旱灾。盛夏苦热，几十天不下雨，大地枯竭得变成沙漠。街河的语声由喑哑而寂寞了，灰褐的河床看见了碧琅琅的天，只剩下中间一条丑陋的小沟，木然不动。谁在河床上撒下几粒西瓜子？却让它们在泥里抽了芽，开出朵朵小黄花，到晚来和天上的繁星争辉。——这小河瘦损的丰姿，不已足以令人发愁？是的，但这只是街河的一段。你试跑到市外大江沿的过渡亭边去看看，那河流不是照旧作着轻轻的独唱？虽然嗓音也有些失润。

倘在艳阳时节，春水暴涨；或当九秋天气，苦雨新霁，这些小河，几日间都变得十分丰满。絮絮的语声更高了，流动的旋律也十分活泼，趁微风，偷偷地吻着石磡，有时还乘明月夜迅疾地爬上了河岸。于是街河边常常出现一些少年人的影子，悠然伫立，向水中放下钓丝。你说那拍岸的水声，不会给他们带来灾难？不用愁！过些时一开闸，这一泓盈盈的清流，就要淙淙然向镇上的土地告别。

哦，对了！我只顾低徊于小河的风貌，却忘记了告诉你关于这些河流的十分陈旧而又永远新鲜的故事。——假如你不嫌地方乡僻，又有机缘坐着一桨一划的乌篷小船，过小镇留连片刻，我准得先带你到街梢去看看一座古旧的老闸。

路不远，就在镇中心。那儿有名为金鸡、玉蟾的两座山，隔水对峙，中间跨河横锁一道闸。河面很宽，闸上法相庄严的张神殿，香火终年不断。老年人会告诉你：张老相公是这儿镇水的神明，威灵显赫。这神的故事我记不清了，总之他生前不过是一个平常人，大概做了件什么有利于大家的事，而自己却因此在水里溺死的。他舍身的精诚使他成了神。镇上少年离乡别井，远适异地的时候，父母总带他们到张神殿前虔诚礼拜，许下“一路平安”的愿心。殿前有一个石基的戏台，蜃楼般在水上浮着，精细古雅的雕镂，辉煌金碧的粉饰，在寒伧的小镇上，算得上是第一等华美的建筑。庙左右伸出手臂般两道高大的石桥，桥下河水深碧，平静时映出桥影巍然，连那桥上石刻的“古老闸头”四个苍劲大字，也随着微波从容浮荡，冷眼看人世的沧桑。

水涨时一开闸，古潭似的静水就咆哮起来了。行人跑上老闸头，只听见满耳是轰轰的巨响，像动着春雷——不，有点像在高楼静夜听满山松涛。凭栏下望，世界在脚底暴变：别小觑那安静的小河，激怒了就胜似海啸，翻卷着，飞起万朵银花，汹汹然向镇外流去。偶然有迫不得已的舟楫经过，顺水船照例得胆颤心惊地出动全体船夫，一个在船尾把紧了舵，其余的拿定篙子，站在船头和中舷上，像挺着长矛临阵的将军；因为一不小心，船身会撞得粉碎。是逆水船，就得用七八个壮健的汉子，引着系在闸下的粗大棕索，在惊涛骇浪中曳过。

对着这瑰丽的景象，也许会博得你一个无言的赞赏，叹息于宇宙的神奇？

不错，宇宙的神奇！但我们知道：一部历史就有大半本是人类和自然斗争的记录，这闸，这小河，也并不缺乏艰苦的来历。

越州从古是泽国，夏禹治水的工程终于会稽，就不再继续。在辽远辽远的从前，我们这故乡不过是汪洋一片。可是求生的欲望将勇气赋予人类，斗争的经历又启发他们以聪明。导河，开湖，让千山万壑的溪流有了归宿；筑坝，修堤，让大海小河的水利得到节制。这中间，谁也算不清经过多少度的春秋，消磨了多少无名氏的生命和血汗。这年代已经离我们太远，汪洋的水国随着时间湮没，征服自然的人早已腐化了变作轻烟，却把幸福永远遗留着，于是我们只觉得故乡的田园生来便这么丰饶，小河从古是那样可爱！

只有这泄水的古闸，还能够点醒我们远年的记忆。——可是这古闸，实际上却已经是一种废物，假使我们依着这激流的行踪走去，离小镇五里路，还可以看见一座大家都说得出来历的应宿闸。

应宿闸的俗名叫星闸，——但也许是“新闸”，和我们镇上“老闸”相对的称呼。它静静地横堵在三江城外的海口，像连绵的长堤。站在闸上向外望，看得见海上的一片烟波，天际的几点风帆。莽荡的海风带着咸味，猎猎地把人心吹得很远，使我们遐想着在没有应宿闸以前，这儿还应该是浩瀚无边的水族乐园，只要站在我们镇上的老闸头，便看得见眼前这片苍茫空阔的海天景色。

星闸的闸门，共有二十八洞，整然并列如口琴。闸门一开，全县过多的水量，就会由各处湖泊河港，远远奔来，在我们小镇上汇集了，经过老闸头，到这里，这才百川归海，一齐万马奔腾般往闸外倾泻。水平后依然紧闭，防御海上袭来的潮汐。

它是越中群流的锁钥，雄镇着水国边陲的一支铁军！——有了它，我们才度着太平的岁月，才享有了那些美丽活泼盈虚自如的河泊。

年年八月十八，应宿闸边有一天狂欢。远近城乡的游人流水似地赶来了，闸上挤满了人，闸里停泊无数船只，笑语喧阗赛似海边飞迸的浪花。——这是个看潮的令节，从前猖獗的海潮曾经卷没过这儿的祖先，如今却轮到了居民来欣赏那海上的奇观！

这一天，应宿闸边的汤公祠和木龙祠里，照例是香烟缭绕，红烛辉煌，还有锣鼓喧天的社戏上演。游人披着愉快的秋阳，像穿梭，在汤公祠和木龙祠里跑进跑出。人们都熟悉这样的一个传说：在很古很古的时候，这里只是一个水国，直到明朝汤太守在三江造了闸，泄潦防旱，我们的生活才有了福。造闸的工程很艰巨，当初不知有多少次打好了基又给潮水冲毁，汤太守穷年累月，费尽心力，都没有办法；最后是一个叫作木龙的青年石匠，用自己的鲜血焊接了基石……

我常常做怀乡的梦，梦魂像浮萍，兀自在那小镇的河上荡漾。可是我有点忧郁。

那千溪竞秀、万壑争流的云水之乡，今古游人为它们低徊留恋，赞叹自然的巧妙；远适异地的游子为它们萦系着乡愁。但谁曾想到，这曾经是一个荒烟浊浪的地方？那些在阳光下，在风雪中，在灰色的小屋子里劳动着的乡亲们，各自负着“乱世草民”的烦恼，谨厚而麻木地活着，他们生长在土壤肥美的福地，却忘记了先代祖宗斗争的历史，忘记了人类的双手可以改变自己的命运。

星闸畔的一天狂欢，我猜想，从前也许为的是纪念我们祖先的胜利，而现在却早变成纯粹的游乐，和单纯的酬谢神明的仪式了。

一九三六年

遗　事

想起童年,许多人橙色的梦里,一种极不调和的背景,往往是一幢阴森古旧的房子。

我们来自乡间,或生长在质朴无华的小市镇上,每一个都是自然的爱子。在乡下,天特别蓝而高,仿佛可以一直望到大地的边陲,阳光毫不吝惜地沐浴一切。风风雨雨按时点缀,霜雪替原野渲染更多的色彩。在田野和小山上奔驰,在河边草地上躺着,捉几只蚱蜢,摘一串山果,或者跣着双足用破竹篮向水滨去兜几尾小鱼小虾,跟同伴朗朗地纵笑,互相扑打,我们为泼刺的生意和饱绽的新鲜所陶醉。这一切都是无可代替的珍宝,自然深湛的供养。而我们,一些无忧无虑的小天使们,有如蚱蜢和山果,也正是完全无间地融化在自然界的、一种活跃的小生命。

但你如果不幸正和那些破落户的"书香子弟"一样,那么你就得准备接受一份灰色的赠与。

我想你一定见过这样的宅第,它们普遍存在于一切村镇城市,恰如星罗棋布。它们大都有一份简单的经历:在人们的得意中被建筑起来,随着时间的冲洗,世事的兴替,慢慢地又从人们的失意中灰黯下去,大门上的朱漆剥落了,铜环锈蚀了,整天关闭着,再也没有笙歌盈庭、宾客满座的热闹,终于这宅第更换了主人。于是门墙刷新了,铜环擦亮了,又是一代的显盛。但接着也照例来了败落。不知道经过了多少年代,转换了多少主人,最后是到了一些小小的"书香子弟"手里。

我们不大了解古人设计居室根据怎样的心理，它唯一的特色似乎是阴森，现在自然更加了古旧。当晴朗的早晨，还有几道稀薄的光线，透过庭树，透过卍字花格窗棂，斜斜地射进屋子，照出一片飞舞的浮尘。一过晌午，黄昏却提早来了。是酿雨的阴天，房子里就先氤氲着浓烈的霉气。半阴不明的粉壁上，到处是圆圆的蟢子窠，人们说它可以带来喜气，永不给它半分惊扰；壁虎扫动灵活的尾巴，悠闲地巡行；鼠子在空屋里繇繇磨齿；天气热一点，空梁上又常常盘旋着青蛇的踪迹。

对需要阳光的生物，这无疑是最不适合的场所。但这也正就是我们"斯文种子"的产床和暖房。

谁知道那是一种怎样冷酷的岁月呢？童稚的心需要温暖，需要滋润，恰如嫩芽需要太阳和雨露。而这却是沙漠，是阴湿的地窖。大半的时间，他们受着父亲严厉的督促，关在书房里拉长声音吟"云淡风轻近午天"，逼紧喉咙念"子曰"和"诗云"。看见母亲，他们被教诲学习温文雅静，怎么圣人一样规行矩步。——不难想象，这一类父亲大抵是颓唐怪僻而又高傲，累世遗传的美梦这时候完全破灭了，也已经没有再求显达的愿望，有点愤世嫉俗，却缺少深澈晶朗的胸怀。母亲又仿佛一树忧郁的辛夷花，出身是所谓"名门闺秀"，经过严格的训练，熟习苛细的礼数；不如意的境遇使她不轻于言笑。

他们有过多的情感和想象，可是无处扎根，茁长枝叶。他们把小小的温情献给一匹猫，一对蟋蟀，或是一箱玲珑洁白、会车水的洋鼠。春昼的窗前，他们梦寐似地静听蜜蜂振翅；冬晨夏晚的庭院，他们欣赏麻雀噪晴，蜻蜓舞雨。他们坐在阶石上，呆呆地仰起脖子，凝望白云飞驰，星星眨眼。这是他们驰骋童心的整个天地！

昼静的时候，屋子里似乎更其空廓，轻易看不见人影。庭前的槐树沙沙细语，偶尔有辞枝的叶子，一片，两片，乘轻风悠悠回

1948 年回国前在香港长洲

柯灵与陈国容结婚照

旋，然后落在爬着青苔的地上。围墙高耸天半，逼得脆弱的人心尽往下沉，禁不住要想走动，换一换空气。

于是他们开始了可怜的旅行。他们从前院悄悄地走到后院，用力拔去笨重的门闩，他们去看看那总是闲着的花园。——满院的蓬蒿、野艾，夹杂着不知名的野藤和蔓草，郁郁苍苍地，长得高过少年的身体。墙上的月季虽然永远无人修剪，依旧寂寞地开着，却没法跑近去采撷一朵。蓬蒿苦涩的清香，弥漫在荒芜的空气里，夹杂着一派如潮的虫声。一对凄艳的花蝴蝶，被唤作"梁山伯祝英台"的，扇动斑斓的翅膀，倏忽地在草丛中出没。枯井的石栏边，钻出一丛诡谲细碎的野花。

接着又好奇地跑进一间阒无人迹的房子。扶梯为白蚁所蚀，踩上去就发出吱吱的怪叫，像是再重一点就要倒塌。那空屋也许叫作什么"轩"，空空洞洞，什么也没有。静定地一看，才知道散叠着几只书箱，里面是什么皇帝"御批"之类大约是用以压邪的册籍；靠上首似乎还有一座莫名其妙的神龛。蜘蛛在窗台上从容地结网，满地是积尘兽粪。梁上栖着一只蝙蝠，听见人声，就在屋顶下团团地飞扑……

现在我们怎样来想象他们旅行的结果？实际上这不仅仅枯燥无味，并且是一种酷虐的游戏。因为，很可能的，这些地方常常和鬼物有点瓜葛。

年老的女佣熟悉往事，她们说得出这宅第前一代住的是某姓的官宦，后一代住的是某处的典当主人，中间又发生过多少悲惨的故事。她说这一家搬来的第一夜，就遇见了可怖的怪异：她已经做完事情，刚躺下床，还没有入梦，隔着麻布帐子望出去，灯影模糊中，她看见一只翠袖忽然遮没了油檠。她咳嗽一声，衫袖移去了，火焰碧绿，正在摇曳地跳舞，接着又被遮没了。她骇得一身冷汗，蒙着被不敢再看。她说这屋子里有鬼的，幸亏那时家里人多，阳气充沛，以后不曾再遇见这样的事情。她又从传说里知道前一代的屋主是一个残忍的暴君，因为宠妾，他的妻子在花园里拜了大半夜月亮，然后悄悄跳进井里。当铺主人则恰恰是一个贪鄙的懦夫，他用高利贷夺取了一个贫家的女儿，当作丫头，又将她“收了房”，结果那女孩子终于被他不会生育的妻子逼得堕楼而死。哪一间空房里有狐仙，哪一座冷院里会从空寞中发出咳声……

她们像白头宫女，絮絮地讲述着渺不可寻的前朝遗事，偏又在寂静的夜晚。灯火是这样的昏闷，远处的犬声是这样的惨厉，而它们所加于人类的负荷是这样的沉重！

这类房子的格式多半是梯型的，从前到后，每一进有几步石阶，一进高过一进。老年人说这是“步步高”。但它们早已走完了最后一步好运，以后只有逐步衰歇，有如下流的江水，永远没办法叫它回头了。——我想不妨说这是一种真理，他们的观察完全正确。

那些交完了好运的宅第，为重叠的记忆所积压，早已垂垂地压弯了腰，实在是衰老到了无可挽回的地步，只等待着那么一天，在意外的灾害中变成废墟，变成宿草离离的瓦砾场。

崩溃的黑影正在日趋庞大，不幸的是，这黑影恰恰压在它们无辜的小主人身上。

没有例外，这些苍白的小生命出生的时候，恰恰是家境中落的开始。他们在襁褓里享受了最后的繁华，听了仆从的歌唱和赞美，老年人说他们长得伶俐，将来会中状元。他们成长起来，苦难也跟着成长。他们开始懂得欣赏，需要活动，一睁开探索人生的慧眼，却看见了久已失修的阴森森的房子。等到他们长得高过庭前的旧花坛，家计大约已经衰败得跟这花坛一样——除了一些枯槁的荆条，也许还有一枝每年自生自灭的鸡冠花。——只剩着父母竭力支撑的空架子了。

他们还整年穿着长衫，却已经很少光彩，古铜色的绒马褂，宝蓝团花锦缎长袍，谁都看得出是父亲或祖父的旧衣所改缀，浓烈的古趣似乎正诉说着昔日的绚烂，襟上一定还留有酒痕。现在却由母亲从红箱底里翻出，带着无穷的感慨，把它们改造起来，不调和地披在孩子身上了。——那样子往往就是无言的讽嘲，洋溢着引人发笑的元素。

这些孩子们赋有先代的遗传，自然都极爱体面，为着这些古趣的衣衫，或者一顶帽子，一双鞋子，常常会跟母亲闹半天别扭。结果却往往是一顿教诲以后的、朦胧感伤的启示：

"只要将来自己争气……懂吗？"

结束这训话的是深长的叹息。她们要把丰富的意蕴借一句话传达给孩子——她们将来的明灯。

噙着眼泪，他们失望地看着母亲，咀嚼这含蓄太深的话。渐渐地他们懂得了这话的意义。——有一天他们跑出大门，终于辨清了这话里酸辛的滋味。他们在街上，戏场里，私塾或是学校里，碰到了一些暴发户子弟高昂的表情，鲜丽的衣着。这些少爷们的脸上，都充溢着满不在乎的神气。而社会是这样的势利，即使是不相识的路人，射向他们的总是讥笑和轻蔑的眼色。在亲戚的家里，他们又碰到了分明潜藏着冷淡的虚伪的客气。

他们发觉，这社会不过是一座较大的阴森的屋子，他们的天地是这么狭窄！

不可避免的悲剧，他们必须从风霜和世故的鞭打中成长起来！在那古旧的世界里，童年埋葬了，也许连青春也腐蚀了。但假如没有从童稚直接跳到衰老，终于为那些宅第殉葬，跟它们一起毁掉，那么在前面等着他们的，将是更大的苦难。他们将发现，整个世界都在腐烂。他们的出路不是重建旧日的门庭，而是摧毁现存的制度。他们得转过方向，背叛父母，反抗命运，开始跟他们自己所属的社会为敌。有一天他们将从这活人的坟墓里逃出去，向故乡喊出"再会！"，闯向辽远的世界。他们已经孕育了跟祖先完全不同的观念，接受社会更大的挑战。他们像被放逐的逆子，永不回头。

他们毫不怜惜地让那些阴森森的宅第在火里烧掉，在风里雨里倒掉。

这是命运——它们从毁灭中描画着一种时代的风貌。

一九三六年

鱼 书

生活是最容易改变人的。近几年来，投身在都市的大洪炉中，思想习惯，不知不觉地逐渐改变。是变好了？是变坏了？自己也说不清，但有些习性的更易却显而易见。例如写信，我从前是很勤快的，现在却变得非常懒散因循。因为自己笔头日疏日远，朋友的来信也日见稀少，门前冷落，绿衣人踪迹久疏。偶然在风晨月夕，想起那些风流云散的故旧，便不禁引起一缕深沉的寂寞。

在这光怪陆离的社会里，利害冲突常使朋友间产生隔膜，使人与人之间的正常关系为之蒙羞。但友情在任何时候，都是可珍贵的东西，古往今来，多少扣人心弦的故事，都建立在无垢的友谊之上。伟大的人格，崇高的友情，是生涯中的"一盏明灯"，可以照亮人们"灵魂的黑暗"，使"生存有了一点光彩"(巴金语)。而鱼书往还，正是友情的具体表征。

近代物质文明对人类的恩泽是可感的，因为它们填平了多少的人间缺陷，邮政的发明就是一种。因为它缩短了人类心灵的距离，天涯海角，变得近在咫尺。

人是情感的动物，或者因为长期融洽无间的相处，或者因为意气相投，一见如故，都会产生一种情感的丝缕，把双方的心牢牢地系在一起。但聚散无常，即使亲如家人，也难免彼此参商，天南地北，各奔前程。离情别绪，使人产生依恋和怀念，是很自然的事。有了殷勤的绿衣使者，形体隔绝的痛苦便可取偿于精神的密接。千里睽违，只要借几行雁羽，便能将一曲衷情，寄与远人，使彼此快如觌面。

我们似乎可以这样说：给朋友写信，接读朋友的来信，除了极少的例外，是一种难得的愉快。给远在他乡的友人写信，神驰心往，仿佛剪烛西窗，促膝长谈，心情畅适，近乎薄醉。故人久阔，忽然尺素飞来，那种乍来的喜慰，温暖的感觉，也很难找到近似的境界相比拟。漂泊异乡——尤其是流浪海外的游子，邮差就是客中最亲切的朋友；爱侣的情书，不用说是他们心目中的无价之宝了。报刊编辑看读者的来信，虽则素昧平生，也常可以领略些推心置腹，推诚相与之快。

写信不是著书立说，特定的读者限于一人。其中也许会有学问与理论的研讨辩难，多数总是为了交流情愫，互诉起居动定，娓娓而谈，笔致是真挚的，词意是恳切的，字里行间，感情自然流露，无拘无束。因此古今中外，不少私人的书简，竟成为文学的隽品。有些文学作品，也用书信的体裁写成。

许多人喜欢珍藏亲友的来信，因为信里保存了一些生命的痕迹，他日翻阅，宛如重温旧梦。我一向粗疏，不大留意这类的事情；最近整理旧箧，却翻着了在故乡时偶尔存留的几封旧信。欣然检出，重读一遍，其中也确有些值得吟味的人生小景。

有一位发信人是我的好朋友。他比我年长，是一个敦厚善良的人，我在困难中受过他热情的帮助，这是我永远不能忘怀的。但后来因为思想信仰的分歧，终于使他对我渐渐产生隔阂，形迹疏远了，感情冲淡了。重读他从前给我的深情的长信，我深深地感到抱憾。志同道合，在同一条道路上携手并进，可以成为战友，也可以产生亲密无间的情谊。当然，友情的元素是复杂的，但彼此志趣不同，只靠单纯的情感，尽管十分真挚，却难免要分道扬镳，发生分裂的悲剧。这真是一件无可奈何的事。

另一封信里，包含着一个曲折的际遇。在故乡，我有一位学音乐的青年朋友，我六年前第一次来上海，当一个小刊物的编辑时，他作了一首歌曲寄来，发表后我把刊物寄给他，就在那歌曲边上空白处随手写了几句，代替写信。不久，我为生活所驱使，回到了故乡。一年多以后，这首歌曲却又无意中到了我手里。原来上海有一家艺术服务社正在登报招请音乐人才，那位年轻的无名音乐家，因为失业，投书应征，信里就附了这首歌曲。结果是名落孙山。那艺术服务社里，我正好有个熟人。他和无名音乐家是不相识的，看见歌曲上恰巧有我的附言，便把它寄给我了。他在信里说："真是无巧不成书！当初你把这首歌曲寄给作者的时候，你想得到它会几经流浪，兜这么个圈子以后，又会到你手里吗？"这确是一种巧合，在背后穿线的是生活问题。朋友间境遇相差不远，这样的偶然凑合，在如烟的世事中，大概也并非是怎样的奇迹吧！为了怕触动无名音乐家的不快，我也终于没有使这首歌曲物归原主。

最后读到的是一封匿名信，其中表露的却是一种社会的病态，那时我在故乡县城的教育团体里找到了一枝之栖，那职位不过是一个普通的办事员，收入仅堪维持温饱，只是比较清闲，自然也有人看得眼红。我任职不久，就收到了这封恐吓信，淋漓尽致的辱骂，一直从祖宗三代骂起，十足表达了我们这个古老国家的"精神文明"。信里最要紧的，却不过是旁边重重地打了密圈的一句话："如不快快跑回家去，你的狗命就要难保！"一个办事员的位置，竟要以生命为代价，也可见这世界上"生存竞争"的剧烈了。但是这种恶札，却只能算是例外。不过世乱如麻，人情鬼蜮，例外的事着实不少。匿名恐吓，还算是小焉者也，投书告密，卖友求荣，卖身投靠，摇尾乞怜，都利用了鱼书雁足，这真是对人类尊严和良心的最大凌辱！在不合理的世界，是什么东西都会变质的。

近几年来，大概因为忙于生计，少年心性渐趋收敛，给朋友写信的事，也日就荒疏起来。偶然执笔，总是寥寥数行，叙事的成分多，抒情的成分少。所用的信笺信封，也是随手拿来，信笔涂去，反觉得从前那样的力求精致，未免有点无谓了。但对朋友的来信，我还是一样的翘首云天，希望它们常常给我带来温情和欣慰。“从不谒人贪客过，惯迟作答爱书来”，正好为我的心情写照。

一九三六年四月十五日

流 民 图

薄暮踯躅街头。

霓虹灯透过紫色的烟霭，显出一片朦胧，电炬苍黄如寒星。瑟瑟的晚风里，影在彷徨，心也在彷徨；要不是迎面而来摩肩而过的多是我们的同胞，几疑自己是无家可奔的异国流浪者了。

咖啡馆里漏出醉人的乐声，但欢乐却在重门深闭中。

经过一大阵紧张，这城市里现在仿佛又是一片升平景象了。只因为火线已经远去，耳畔再也听不到炮声，健忘的人也就忘其所以。但无数的同命者仍然在受着磨难，他们的家也还在被无情地摧毁。惨剧正在这都市里搬演，只隔着一道铁门，一条呜咽的苏州河。

受着租界荫庇的人是有福了，可是也有例外。

自从南市也随闸北成了灰，这一方小小的土地上就多了十几万难民。他们背后是漫天的火，是无底的恐怖；前面是铁蒺藜，是木棍的挥舞。求生的欲望驱使着他们，突过尖刺和鞭击，抱着血痕涔然的头，向租界拥进来，被掷在寒风如割的街头巷口，开始跟自然的威胁肉搏。

马路是整洁而坦荡的，生路却是这样地逼窄。坐在冰冷的铺道边，看着碧眼金髯的洋人昂然过去，他们手里牵着的小狗，似乎也在傲视着这些无国的流民。

而最后，他们终于不得不向路人羞赧而惶惑地伸出了乞怜的手。

也许是一位老者，清秀的风貌说明他几个月以前还度着从容的岁月，现在却颤巍巍地在风前独立，行人过去，就尾随着，嗫嚅地吐出哀蝉似的声音，追了一程却又废然地退回来。壮年人的倨傲的心，如今是受着无情的摧残了，在人前低着头，无可奈何地做着他们所最不屑做的行为。年轻的姑娘和妇人，有的还偎依着茫然无知的婴孩，只有坐在黝黯的墙角下，埋头在手掌中间，嘤嘤哀泣……

打发了白天，里弄的檐下就做了他们的安息所。冷风匝地，睁眼是凝冻的寒空，星星冷然眨着眼。经不起折磨的，就这样悄悄地永睡不醒，等第二天早晨，让“普善山庄”的尸车来替他们尽最后一次义务。

难民收容所，受难的人群的天堂！可是有限的场所哪容得下这么多可怜的生物，何况现在连这一点恩惠也得仰求于外人了。而自私者还在不幸者的身上吸血！

佛教徒用幻想造成种种地狱的惨景，它们的悲惨却还不及人间万一。

每一次踯躅街头，特别是酷寒的冬暮，对着沦落路旁的无辜的人们，总是禁不住无端的哀戚，而一想到他们堕入这种惨境的原因，一种不可抑制的愤怒，又来猛叩寂寞的心扉了。

一九三七年十二月

筵　前

为送朋友远行，我参与了一次饯别的宴会。

豪饮的客人从座上起立，干了杯，满意地笑着，向大家倾吐了他的谢意。于是，主人们也欣然了，零乱的笑声和清脆的杯声从四壁轰起，如浪花飞上崖岸；有人在作着简短而得体的答辞。

我呷下一口酒，那酽酽的酒味，替我酿起满腔别样的情绪。隔室正响着颤抖的弦索，接着就有女音的歌喉随着弦索唱起来。唱的不知道是什么戏，那一个个纷飞的音符，仿佛就都在我的神经上扣着。

是惜别的心情吗？连自己也无从分说。我咀嚼着的仿佛是一点没有来由的寂寞。那正如一个小孩，亲人先后上街去了，独自被遗留在空洞阴暗的房子里。我羡慕一双无羁绊的脚，我妒忌燕子和天鹅，因为它们有一对报告季节的翅子。

向身边浏览一下，桌上罗列的是远山的珍馐和远海的鲜味，酒红得醉人。屋顶的灯光柔和地泻下来，光滑的淡青的墙壁承受着它们，安详而谐和。壁上饰着大幅的风景相片，这一湖清波、远山如黛的是西湖，那兀立着巍峨的宫殿的是故都北平，——祖国如绣的山川！别来无恙？

窗外有一弯凉月，正在窥探。而中断的弦索又响起来了。没有战争，没有流血，这世界是和平与欢乐的结晶……

“好，叫一个来看看吧。”

主人中的一位大声呼唤，声音突兀，如来自梦中。我从朦胧中清醒，一个谄笑的黑衣男子，已经带一个少女站在筵前了。流行的艳装，红白参差的脸，可是浓厚的脂粉掩不住她的踧踖，都市的新装里面，包裹着的仿佛是一具颤栗的灵魂。她站着，流盼，浅笑；接着是，羞涩，低头；不知道为什么，终于趔趔地回过身，无聊赖地出去了。

“你怎么拿这样的货色来搪塞！”

一个厉声的责问，如迅雷而下。我向门口看，那少女的背影恰好循着这声音从门边消失。黑衣的男子谄笑着：“是的，先生，是的。”他像抱着恳切的歉忱，微微躬身，有如娴雅的绅士。“好的有。”他说。于是，也退出了。

门外像有着丰富的蕴藏，而黑衣男子则是神秘的巫师。相隔不久，另一个少女已经被带了进来，这一回幸运照临了她。“哪，坐在那里！”她被指派坐在一位臃肿的、有着通红的鼻子的老先生后面。

在琐屑的笑声里我透过一口大气。

我这一桌的同伴中仿佛对这事情都没有多少兴味，一半以上的仍然在喝酒、谈笑，跟先前一样；一位爱好旧剧的北方朋友，正用手指敲着桌面，出神地听着隔室的“四郎探母”。隔座的老先生是老实人，一个少女坐在身畔照旧镇定得头也不回。周围有人打趣，怂恿那老先生“应酬”身后的娇客，又怂恿身后的娇客“应酬”他，仿佛要完成这一段飞来的交谊。他摇摇头，禁不住侷促，似乎有些娇羞起来了。那姑娘却只是抿着嘴无意义地笑。

在这样的场面里，受捉弄的究竟是谁呢？在一个陌生男子身边坐着，却彼此连头也不点一下。默默地看着人家笑，懒懒地跟着人家笑，看人家吃喝，也许自己正饿着。这是怎样的冷落与寂寞啊！——在华筵之间，在红灯之下，在人们的欢笑声里，她是孤独的一个。可是寂寞在她也许是另一种意义——谁知道呢！

“可能是个清白人家的女儿，因为打仗沦落了，逃难到上海的。这种人不晓得有多少。——来呀，这鱼翅好得很！”

不知是谁在轻轻地说。没有答语，象牙筷子错乱地落在细花的盘里。真是稀有的美味！然而我看见了一张稀奇的卡通：平静的乡村，平静的城市，平静的生活，一颗炸弹毁灭一切。剩下个遍体鳞伤的灵魂，被送到叫做“孤岛”的都市，——奇怪的地方，脱离了祖国的怀抱，却被人当作世外桃源！——让同是避难的阔人践踏……

我抬起头，投到我眼睛里来的是那壁上的风景：满幅溟濛的烟水，远处有隐约的游艇，更远处有屏列的淡淡的山影，右上角几枝垂柳，似正在风中飘拂。我出了神。……那姑娘走了。

主人从皮包里掏出一张一元的纸币，坦然塞进那女孩子的手心，送她到门口，回过头，用手一扬，纵声说：

“这也是救济难民！”

有谁笑。他又正经地补足一句：

“这不是开玩笑，她们的确是高等难民！”

坐在靠近门边的一位，刚探着身子从门外看了什么回来，用筷子在银盘上敲出铮铮的声音，摄取大家的注意：

“喂，我刚看见，第一个进来的姑娘一直在门口等着呢。——她们是一起的，我看见她……”

无人接口。白衣的侍者又献上一盆。“甜菜，来！”银匙声如珠落玉盘，纷然而起了。可是我端起了酒杯。

隔室刚唱完一出戏，蓦然送过来一阵掌声和笑声。

一九三八年九月

苏州拾梦记

已经将近两年了，我心里埋着这题目，像泥土里埋着草根，时时茁长着钻出地面的欲望。

因为避难，母亲在战争爆发的前夜，回到了滨海一角的家乡，独自度着她的暮年。只要一想着她，我就仿佛清楚地看见了她孤独的身影，彷徨在那遭过火灾的破楼上。可是我不能去看她，给她一点温暖。

苦难的时代普遍地将不幸散给人们，母亲所得到的似乎是最厚实的一份。她今年已经七十三岁，这一连串悠悠的岁月中，却有近五十年的生涯伴着绝望和哀痛。在地老天荒的世界里，维系着她一线生机的，除却对生命的执着，也就是后来由大伯过继给她的一个孩子——那就是我。正如小说里面所写的，她的命运悲惨得近乎离奇。二十几岁时，她作为年轻待嫁的姑娘，因为跟一个陌生男子的婚约，从江南的繁华城市，独自被送向风沙弥天的、辽远的西北，把一生的幸福交托给我的叔父。叔父原只是个穷书生，那时候在潼关幕府里做点什么事情，大约已经算是较为得意，所以遣人远远地迎娶新妇去了；但主要原因，却是为着他的重病，想接了新妇来给自己冲喜。当时据说就有许多人劝她剪断了这根不吉利的红绳，她不愿意，不幸也就这样由自己亲手造成。她赶到潼关，重病的新郎由人搀扶着跟她行了婚礼，不过一个多月，就把她孤单单地撇下了。我的冷峻的父亲要求她为死者守节，因为这样才不致因她减损门第的光辉。那几千年来被认作女性的光荣的行为，也不许她有向命运反叛的勇气。——这到后来她所获得的是一方题为“玉洁冰清”的宝蓝飞金匾额，几年前却跟着我家的旧厅堂一起火化了。——就是这样，她依靠着大伯生活了许多年，也就在那些悲苦的日子里，我由她抚养着成长起来。

哦，我忘却提了，她的故乡就在那水软山温的苏州城里。

时光使红颜少女头白，母亲出嫁后却从此不再有机会踏上她出生的乡土。悠悠五十年，她在人海中浮荡。从陕西到四川，又到南国的广州。驴背的夕阳，渡头的晓月，雨雨风风都不打理这未亡人的哀乐。满清的封建王朝覆亡了，父亲丢了官，全家都回到浙东故乡，她照旧过着世代相沿的未亡人的生活。家庭逐渐堕入了困境，家里的人逐渐死去，流散了，最后是四五年前的一把火，烧毁了残破的老家，才把这受尽风浪的老人赶到了上海。

老天怜悯！越过千山万水，迷路的倦鸟如今无意中飞近了旧枝，她应当去重温一次故园风物！

可是一天的风云已经过去，她疲倦得连一片归帆也懒得挂起，“算了吧，家里人都完了，亲戚故旧也没有音讯了，满城陌生人，有什么意思！”她笑，那是饱孕了人生的辛酸，像蓦然梦醒，回想起梦中险巇似的，庆幸平安的苦笑。接着吐出个轻轻的叹息：“嗳，苏州城里我只惦记着一个人，那是我的小姊妹，苦苦劝我退婚的是她，（我当时怎么肯！）出嫁时送我上船，泪汪汪望着我的是她！听说而今还在呢，可不知道什么样儿了？有机会让我见她一面才好！”蹉跎间这愿望却也延宕了两年。

一直到前年春天，我才陪着她完成了这伤感的旅行。

是阴天，到苏州车站时已经飘着沾衣欲湿的微雨。雇一辆马车进城，嘚嘚的蹄声在石子路上散落。当车子驶过一条旅馆林立的街道，她看看夹道相迎的西式建筑，恰像是乡下孩子闯进了城市，满眼是迷离好奇的光。我对着这地下的天堂祝告：苏州城！你五十年前嫁出去的姑娘，今天第一次归宁了。那是你不幸的女儿，为着乡土的旧谊，人类的同情，你应当张开双臂，给她个含笑的欢迎！

但时间是冷酷的家伙，一经阔别便不再为谁留下旧时痕迹，每过一条街，我告诉母亲那街道的名字，每一次，她都禁不住惊讶得忽地失笑："哎哟，怎么！这是什么街？不认得了，一点也不认得了！"

在观前街找个旅馆，刚歇下脚，心头的愿望浮起。燕子归来照例是寻觅旧巢，她一踏上这城市，急着要见的是那少年的旧侣。可是我们向哪儿去找呢？这栉比的住房，这稠密的人海，白茫茫无边无岸，知是在谁家哪巷？纵使几十年风霜没有损伤了当年的佳人，也早该白发萧萧，见了面也不再相认了，但我哪有勇气回她个不字？

母亲在娘家时开得有一家烛铺，后来转让的主人就是那闺友的父亲，想着这些年来世事的兴替，皇室的江山也还给了百姓，一家烛铺的光景大约未必便别来无恙。但母亲忽然飞来的聪明记起了它。向旅馆的茶房打听得苏州还有着这个店号，我就陪着她向大海捞针。

烛铺子毕竟比人经得起风霜，虽然陈旧，却还在闹喧喧的街头兀立。母亲高兴地迎上去，便向那店伙问讯："对不起，从前这儿的店主人，姓金的，你知道他家小姐嫁在哪一家，如今住在哪里？"

我站在一旁怀着凭吊古迹似的心情，这老人天真的问话却几乎使我失笑。那店伙年轻呢，看年纪不过二十开外，懂得的历史未必多，"小姐"这名词在他心里岂不是一个娇媚的尤物？我只得替她补充：金小姐，那是几十年前的称呼，如今模样该像母亲似的一位老太太了。听着我的解释，那店伙禁不住笑了起来。

人生有时不缺乏意外的奇迹，这一问也居然问出了端倪。我们依着那烛铺的指点，又辗转访问了两处，薄暮时到了巷尾一家古旧的黑漆门前。

剥啄地叩了一阵，一位祥和的老太太把我们迎接了进去。可是她不认得这突兀的来客。

"找谁，你们是找房子的？"

"不，是找人，请问有一位金小姐可住在这里？"

主人呆了半天，仿佛没有听清意思。"哎哟！"母亲这一声却忽然惊破了小院黄昏的静寂，她惊喜地一把拖住了主人。

"哦，你是金妹！"

"哦，你是……三姐！"

夜已经无声地落在庭院里了，还是霏霏的雨。从一对老年人莹然欲涕的眼睛里，我看出比海还深的人世的欢喜与辛酸，体味着不能用语言表达的奥妙的意思。我的心沉重得很，也轻松得很。我像在一霎时间经历了半世纪。感谢幸运降临于我不幸的母亲！

把母亲安顿在她旧侣的家里，我自己仍然在旅舍里住着。

春快要阑珊了！天气正愁人，我在苏州城里连听了三天潺潺的春雨。冒着雨我爬过一次虎邱，到冷落的留园和狮子林徘徊了一阵。我爱这城市的苍茫景色，静的巷，河边的古树，冷街深闭的衰落的朱门。可是在这些雾似的情调里，有多少无辜的人们，在长久的岁月中度着悲剧生涯？

但我为母亲的奇遇高兴。五十年旧梦从头细数，说是愁苦也许是快乐。人类的聪明并不胜如春蚕，柔情的丝缕抽完了还愿意呕心沥血；一生的厄运积累得透气的空隙也没有，有时只要在一个——仅仅一个可以诉苦的人面前赢得一声同情和温慰，也可以把痛苦洗涤干净。我不能想象母亲的情怀，愿这次奇遇抖落她过去的一切……

第四天晚上离开苏州时，天却晴了，一钩新月挂在城头，天上粼粼的云片都镶着金边。——好会捉弄人的天！路畔一带婆娑的柳影显得幽深而宁静，却有蹄声嘚嘚，穿过柳荫，向那行色倥偬的车站上响去。别了，古旧的我的母乡苏州！明儿我们看得见的，是天上那终古不变的旧时明月！

别离的哀伤又在刺着衰老的心了。可是从母亲的脸上，我看见了一片从来没有的光辉。“嗳，总算看见她了！做梦也想不到。她约我秋天再来，到她家里多住一阵子。也好，大家都老了，多见一面是一面。”我知道，她在庆幸她还了多少年来的宿愿。

可是就在这一年的夏天，时局起了激变。

在上海暴风雨的前夜，母亲回到了残破的家乡，一年半来她就像被扔在一边似地生活着；而她的早已无家的母乡，落入魔掌也一年多了。在这风雪的冬天，破楼上摇曳着的煤油灯下，不会埋怨这年代的过于冷酷吗？我不禁时时想起我的母亲，和这场战争中一切母亲的命运。

可是母亲却惦记着苏州，惦记着苏州的旧侣，絮絮地从信里打听消息。可怜的母亲，我可以告诉您吗？您的母乡正遭着空前的浩劫。您的唯一的旧侣，我不敢想象她家里的光景。有一时我常常把一件事情引为自慰，那就是那一次苏州的旅行，我想如果把那机会放走了，怕也要永远无法挽回。但我如今倒有些失悔了，没有那一次坠梦的重拾，也许这不幸的消息给她的份量还要轻些？我又怀着一种隐忧：“树高千丈，落叶归根。”母亲说过她愿意长眠在祖茔所在的乡土，她会不会再在晚年沦入奴隶的厄运？

一九三九年一月

窗　下

在窗下，我望着无云的天。

玄想之翅遂向空腾起，沐着阳光，向不见边际的蓝色飞远了。

我曾经有孩提的心，驾风舟，泛云海，探索宇宙的奥秘。虹桥彼岸有瑰奇的天地，月中宫阙是宝玉砌成。而夏晚小院的凉榻上，我还织过不止一回的摘星之梦。

稍后我又爱独自仰卧草茵，枕着丛翠，凝望天宇，对自由阔大的人世，射出向往的箭。

有一次我独上危楼，正当江南雪后，阳光稀薄，寒气逼人，天体辽廓如无极。遥望郊外白首的层峦，傲然环立；俯瞰城中密密麻麻的房宇街巷，挤着一堆人事兴废，一种无意义的感叹，不觉油然而起。忽地，一个断线的红色气球，从近处市廛飞升，我目送它直上太空，又飘飘荡荡飞向城外，渐远渐小，终至于连那微尘似的灰色小点，也从目力中消失。我的不羁的灵魂，也就为它所远引，觉得天地之宽，而自己则又渺无着落了。

也曾对怒云疾驱，期待着暴风雨的袭来，效海燕的欢舞。

也曾摸索于漆似的暗夜，无风，无星，无月。远处却有猫头鹰诡秘而惨厉的鸣声，忽而飘来，忽而中断，如一缕游丝。于是我浑身颤悸，为末世的忧惧所威胁……

谁能够设想没有太阳的世界，将是怎样的世界呢！

我以想象的彩笔作过两幅图画，一幅是黝暗的牢狱，黑色的墙，黑色的呼吸。铁链如大乌蛇，懒懒地盘在囚徒们的脚下。狭小的铁窗，镶一张枯瘦如柴的脸，怔怔地望着一角远天。另一幅是小楼，轩明的静室，柳丝低垂如帘幕，掩着一窗岑寂。有少妇倚栏，对叆叇的白云搜索逝去的欢乐，她昂着头，犹如海上鲛人，晶莹的珠串从象牙似的颊上散落。

运命降苦难于不幸的人群，但希望的种子还孕在人们心里，茁长着新的生命。失去了光的，铁槛外还有春阳跳跃的大地；失去了爱的，人间也还有广阔无边的温暖。——“生之意志”：这是我为这幅画所拟想的笨拙的题词。

磅礴于地球四围的大气，曾使古人惊奇于那浩瀚的“大块文章”；我们则又知道它是一切生物的养命之源。而一自这城市拔去祖国的徽帜，奴隶的厄运却使人们永远低头，不敢再仰望那晶明的苍穹。偶尔从窗下窥天的人，不禁也有囚徒似的哀戚了。

想象着灿然如金的阳光下，是何等壮丽的气象啊。山岳，江河，原野，造物者不世的杰作！北国的宫殿峨巍，古城头有洁白的鸽子，在青空下扇动皎然的双翼，鸽铃撒下一把和平美妙的歌声。但如今满缀在这些光景上面的，是异族侵凌下屈辱的暗影。魔鬼化成似的灰色蜻蜓，又吐着喤喤的毒咒，从远天飞近了。

我昂着头，有鼎沸的思潮，沉重的心。——我梦想着一个狂欢的日子，盈城火炬，遍地歌声，满街扬着臂把，挺起胸脯的行人……

一九三九年三月十七日

1956年在寓所前

1962年和白杨一起拜访何香凝老人

《望春草》题记

去年冬末，看看旧历年关也逼近了，岁暮天寒，不免有些凡庸的感慨。凑巧那时有个机会，容许我把那点不成格局的文字印出来见见世面，赶着长夜，便开始在灯下掇拾陈旧的墨痕，略加挑剔，选其形似，归为一束，也算是了结了一件小事。但轮到现在写题记，却连春天也垂垂老了。

重读自己的习作，正如翻阅童年的摄影，那傻傻的神情虽有点可笑，有时却也感到亲切。在世路上跋涉，算来也好些年了，回头望望，却几乎只有茫然。生活的平凡，正如我个性的平凡，这些年月换来的是于己于人两无所得。甚至在这样的时代，我也还只能偏处"孤岛"，平凡猥琐地活着，说来又岂止惶愧！但对于人世，我也有欢喜，也有悲愁，也有激动和愤怒；因此有时也不免漏下一声赞叹，一丝感喟，或是一下低弱的叫喊，而多数却像舟人之夜歌，信口吹来，随风逝去，目的只为破除行程的寂寞。

我的思想如此空疏，笔墨如此萧索，写下它们的时候，又正当战前那些酷寒的年代，所以这一束旧稿，单是形式，就已经像乱山中扫来的落叶。现在就性质比较相近的，分为四辑，其中第四辑写作时间最早(一九三〇——一九三一年)，写的也只是"身边琐事"之类，当此时艰，真可谓"可耻的浪费"了。可是，请原谅我的私心，我偏爱它们有如偏爱儿时的相片。并且从最后一篇的标题中摘取"望春"二字，作为书名，仿照我们乡间希望得子者把女儿取名"招弟"的办法，讨个吉利。——我期望着我创作的春天，并以此迎接我们民族的春天。自然，等春天来到，这些东西应当萎谢腐烂，化为春泥了。

一九三九年五月于望江楼

罪恶之花

人力车拉过幽黯的街道，迎着一片辉煌，从电灯牌楼底下穿进了巷口。巷子曲折而深邃，使陌生人着迷。因为白天下过雨，车轮轧轹中时而夹着水声，路灯下反射出一带的泥泞和积潴。我们就这么转弯抹角地到了沪西俱乐部。

灯光如昼，戎装的守卫在门口睖起眼珠，注视着面生的来客。

一进门，最先刺进听觉的是尖锐而悠长的喊声，尾音向上直蹿，仿佛一声惊呼。楼上楼下连接着宽敞的房子，屋里空空落落，除了些沙发几案，并没有多少通常的陈设，只是每一间都有好几张“台子”，人头济济，正在集中心神捕捉那狡兔似的命运。

“台子”有好几种：牌九、押宝、大小门……每一台都摆着类似的阵势：庄家坐在上首，用烂熟的技术洗牌、砌牌；用摇曳生姿的手法摇骰子，稳重老练，足够的元帅风度。左右两翼站着两员大将，激越地喊着进军的口号，每一仗胜负揭晓时经手赔钱吃钱；花花绿绿一大卷、一大堆，一个庞大的数字，用不着思索，过手就分配清楚，一个个活脱是唐朝杨国忠嫡传的赌台理财能手。一边高脚椅上端坐着督阵的一位，居高临下，照顾着攻守双方的步调；有错误纠葛得听他的排解。这以外，就是敌对的一方，那大群男男女女形形色色的打手了。例外的是大小门，将帅都是娘子军，一律红唇粉靥，娇滴滴喊着“开啦”，恰像是什么神怪小说上的迷魂阵。

名为“俱乐部”，实际却是个命运的搏斗场！

你随便跑近哪一张“台子”，站上一刻，看看那些打手们的神态：红着脸，流着汗，氤氲的热气从额头散发，有的呆着出神，皱起眉头思索。无数焦黄的手指颤颤地抚着筹码，数着钱，盘盘算算，然后一横心把它们推到前面。——我想准得要有过出发上前线的经验，才理会得这一挪手时的心情。无数的眼直射着那光滑的牌背，那晶圆的骰子盒：多简单的东西，然而多诡谲，多无从捉摸！“开！”一声吆喝，刹那间万籁无声；然而你听得出一种无声的音乐，心的跳跃。牌掀了，盖开了，命运又给了一次无情的判决。周围的脸相随着有了剧变：一声长叹，唠叨地陈诉着委曲；皱眉的皱得更紧，狠命吸着烟，卷一卷袖管，顿着脚翻悔自己的失着；幸运者却默默地享受那一份欢喜，忘记有时一注的幸运正是使自己上钩的香饵……

空间缩小了，时间缩短了，这里显示了人生的另一相。大把金钱潮水似地倏然而来，悠然而去，卷到这边又涌到那边，一点一滴算起来，得多少人的血汗，多少年的辛苦！可是只要幸运不亏待你，两张牌几个点可以使你暴富。就因为这一点赌博的哲学，这里吸引了无数聪明人和糊涂人。——我这难得光降的稀客，在牌九台上也看见了两张熟悉的脸。一位是电影公司的化妆师，一双手曾装点过多少“优孟衣冠”，这一回却痴痴地没半点表情，让自己来充了俱乐部里脸谱的一种。另一位正打败一仗，似乎很意外，骂了句什么，愤愤然反着手在台子上猛敲一下，抬起头，却看见了我，“×先生，你也来？”笑了笑，便又去准备他下一回合的战斗。这是一个老实的小职员，我们曾经同事过，炮声把大家惊散，他狼狈地逃到乡下去。不料重逢却在这意外的场合。

上海沦陷使百业凋零，却使许多投机取巧的把戏在这罪恶的沃土上开花，黄昏时你试向沪西兜上一圈，你会不禁瞠目结舌。几乎随处可见的是那灯饰灿然的招牌，“俱乐部”、“乐园”、“某记公司”、“娱乐社”等等动人的名目；还有专门臭虫般吸取下层妇女和苦力血汗的花会“总筒”、“分筒”。

像沪西俱乐部一样大规模的场所总共也有好几家，它们敞开怀抱，夜夜接待黄金梦里人。

健康的人生是公平的供与求，正常的义务与权利；而另一社会里服膺的人生哲学却是冒险，把生命作孤注。上海有许多这样的“伟人”，他们少年时代睡的是弄堂，吃的是从包饭作学徒手里抢来的残羹剩饭。无赖是他们的教育，亡命是他们的资本，就凭着这两宗法宝，在人海里打滚。也许因为窃取人家什么东西，被抓进铁房子，受着免费食宿的优待；也许因为一点小事同人怄气，被打得满脸血痕，倒在地上奄奄一息；可是只要还能放出来，爬得起，他们还得勇敢地向牢狱拳械迎上去：这是磨练，也是考验，你经得住，你自然就有“出山”的机会。爬起，跌倒；跌倒，爬起，他们终于赢了，一翻身小瘪三成了“大亨”。许多俱乐部之类的经营者就是这样的人物。——其中有一位的历史是：因为一个铜板打死一条命，坐了几年牢，刚出来又因为打伤巡捕，重新关进去；可是再出来的时候他升了天，命运输给了他。现在他正是一个每夜出入巨万的俱乐部大老板。

他们领有合法的执照，照章纳税——一个吓人的数字。在沦陷区，这是一种繁荣市场的体面事业。

俱乐部里有豪华的供应。客人来往用汽车迎送，更可以受殷勤的招待：名牌的香烟、精美的点心、高贵的鲜果、中西大菜、鸦片、艳丽的肉体。维持“安全”的，保镖以外，还有几十位勇武的壮汉。这些壮汉也正是未出山的英雄，其中一部分配佩全副武装：手枪、步枪、机关枪和手榴弹。他们缜密地“保护”着客人，并且间谍似地暗中侦查客人的来历和财富。徒手的就在四近望风,提防着一切意外。这类活跃在沪西的英雄,据一张报纸的统计,约有二千七百六十人,因此械斗暗杀几乎排日不虚;在俱乐部里得胜的幸运客,在回家途中,也就常常有躬逢搜劫的幸运。

除开那浩繁的开支,"大亨"们靠它的收入维持尊贵的地位,大批未出山的英雄靠它活动和驰骋,"市政府"把它当作生命线,还有无数跟他们一条跳板上的"小兄弟"每天向它领取开销。而人们却带着金钱到那里去追逐运气。

看看满座百脉偾兴的嘉宾,你无从悬揣那隐藏在背后的悲剧。各各带着奴隶的命运,生活的重负,用借贷的钱,典质的钱,点滴积聚的血汗,或者用种种不正当的方法得来的财物,放开手,向渺茫的胜利下网。吝啬的变成慷慨,稳重的变成浮躁;命运小儿却躲在一边冷笑,给他们恶毒的揶揄。那结果恰像落在陷沙里,眼看着渐渐下沉,却无法自拔。逃亡、下狱、服毒、投江……他们替这多难的时代制造了多少使人喟叹的资料。

可是人们还是兴冲冲地踏进那门槛去。人家全输,也许自己独赢;昨天败了,也许今晚会胜。一百回不幸中间,难道碰不着一回幸运吗?

人瘠则我肥,这正是赌博的精义,赌徒的哲学!

我们一行四人,每人出股本三元。——不,说是"股本"还不如说我们对俱乐部的贽仪,因为空着双手去参观事实上不大方便。结果我们终于在牌九和大小门的"台子"上得到了奉献的机会。那自然是广漠中的一星微尘。

将近午夜,我们到餐室里用点心,那老实的小职员却正在吃饭。

一头淋漓的汗,那样兴奋,却又那样不可形容地疲倦。外衣卸去了搭在椅背上,露出一件破旧的白衬衫。"完了,六十块!"一看见我就急急地报告了这消息,伸过一只手,跷起大拇指和小指头,连连在我胸前转动。

“你常来这里?”我问。

有如一个孤独的夜行人,心有所感,而正为无人说话的寂寞所苦,一遇到可以开口的机会,就要尽情倾吐。对着我,他的话像一道春阳下解冻的瀑布,没头没脑地潺潺而下:

“整整的六十块,不少一个字。这里跑不到两个月,还不是每天必到的,已经送了将近一千块了。一个穷光蛋,哪来的钱?一幢房子的顶费。真作孽!幸而战前租着一幢房子,如今顶出去也有一千多。这可是全部的家当。

“你知道我向来不爱这个,连打麻将也不爱,从前赚的薪水可以按月十足交到家里。谁知道怎么神差鬼使地卷进了这漩涡!起先是一个朋友常常走沪西,弄得神魂颠倒,他太太急了,要我带她来找她丈夫,找到了;朋友第二天却偷偷跑来告诉我:‘别让我女的知道,今晚咱们两个一起去,有趣着呢。’就是这样开的头。来了许多天,也有输,也有赢的,只是输的总比赢的多。想翻本,就继续走下去,结果却是越陷越深。明明知道再没法翻身的了,你知道,这是永远翻不了的,可是走热了,不由你不走。奇怪,到时候脚痒,自己作不得主。这真是魔道!你刚才没看见坐在我对面的那一位?那个化妆师,你想必认得。他比我资格还浅,可真有劲,每天报到,风雨无阻,如今连电影公司的生意也丢了,听说他还偷了太太的首饰,变了钱到这里来。

“一千块!你想想,我这样的肩膀挑得了?我女人还莫知莫觉呢,‘瞒天过海’,银行折子在我身边。要是有一天她知道了,不知道要怎么个闹法!

“你问我做什么事?有什么好做的,这样的时势!上海打仗我带着家眷逃难,半年前才从乡下回来。从前的同事都散了,桂林、重庆,剩下我一个。幸亏房子租得起钱,先前几个月是靠房租维持生活;现在房子顶掉了,顶费又都送到了这里。每次都带来一大卷,回家时照例两手空空,从‘台子’边站起来,庄家送你两块大洋。(他拿出两张一元的钞票晃了晃。)车钱！这是场子里对客人的优待。可是这有鸟用！以后怎样呢，我连想也不敢想。

“无聊，想想真没趣味！听说重庆有朋友要回上海来，有点小场面。只希望他们来了，能够设法给我找个事情做……”

我没有插嘴，也无从插嘴。在这瞬息悲欢、倏忽成败的大剧场里，这个小人物表演的角色未免过于平凡。

托他的福，我吃的点心由他在账单上签字，可以无须付钱；回家时也跟他在一起，劳俱乐部的汽车殷勤相送。没有他，我们这样渺小的宾客，是没有资格邀得这种恩宠的。

一九三九年七月三日

雨街小景

雨，悒郁而又固执地倾泻着。那淙淙的细语正编织着一种幻境，使人想起辽廓的江村，小楼一角，雨声正酣，从窗外望去，朦朦胧胧，有如张着纱幕，远山巅水墨画似的逐渐融化，终于跟雨云融合作一处。我又记起故乡的乌篷船，夜雨淅淅地敲着竹篷，船头水声汩汩。——可是一睁眼我却看见了灰色的壁，灰色的窗，狭窄的斗室。

谁家的无线电，正在起劲地唱着。——像是揶揄。

气压低得叫人窒息，黄梅季特有的感觉，仿佛一个触着蛛网的飞虫，身心都紧贴在那粘性的丝缕上。推开半闭的窗，雨丝就悄悄地飞进来，扑到脸上，送来一点并不愉快的凉意。

蚁群排着整齐的阵列，在窗下的墙上斜斜地画了一条黑线，从容地爬行，玲珑的触角频频摇动，探索途径。这可怜的远征队，是为了一星半粒的食粮，或是地下的巢穴也为淫雨所浸没了？刚爬到窗棂上，却被一片小小的积水所阻，彷徨一阵，行列便折向下面，成了一个犄角。

不知从什么时候起，雨脚忽然收了。厚重的云堆慢慢移动，漏出一角石青的天，洒下一片炙人的阳光。是羞于照临这不洁的都市吗？有如一个娇怯的姑娘，刚探出头就又下了窗帘。于是留下了阴黯——仿佛比先前更浓的阴黯。且多了一种湿腻的燠热，使人烦躁。

雨又急骤地落下，忽然又停了。

傍晚倚窗。新晴的天，西边红得出奇。我忧郁地记起乡间老农的传说：这是“大水红”，预告着水灾的。

满地积水，将一条街化装成一道河，只是中间浮着狭窄的河床。这虽是江南，而我们所缺少的正是一滴足以润泽灵魂的甘泉，有如置身戈壁；眼前的一片汪洋，就得到了许多孩子的喜爱，他们跣着双脚，撩起裤管，正涉着水往来嬉戏。

公共汽车如大鲸鱼，泅过时卷起一带白浪，纷飞的珠沫，还有清澈可听的激响的水声，孩子们的哄笑送它逐渐远去。黄包车渡船似地来往，载渡一些为衣冠所束缚而不愿意裸露腿脚的行人；而一边却另有一群苦力，身体倾斜，用他们酱色的臂膀，在推动着一辆为积潴所困的雪亮的病车，这意外的出卖劳力的机会！

一个赤膊者伫立在人行道边，用风景欣赏家似的姿态静静地看着这奇异的水景，看了一阵，就解下颈上乌黑的毛巾，蹲在水里洗起脸来。另一个少年却用双手掬起水来喝着。人世间的一切，对他们仿佛都是恩惠。

可是我想起了早上从新闻纸上得到的一个印象，——那是一个关于雨的故事。一个十七岁的少年，战争夺去了亲人，留着他孤单的一个，开始流浪生活。他辗转飘泊到这五百万人口的城市，贩卖糖果。可是生活程度跟着季候的热度飞升，几天的淫雨又困阻着谋生的路，仅有的本钱经不住几天坐吃，空空的双手，空空的肚子，生计成了严重的威胁。在崎岖多歧的人生路上，他选取了最难走然而最近便的一条，一脚越过了生的王国，跨进了死的门阈。

年轻的灵魂淹没在一片水里。——生命的怯弱呢，雨的残酷呢？……

晚间，有撩人的月色。云鳞在蓝空上堆出疏落有致的图案。

积水似乎浅一点了，人行道上已经可以行人，只偶有汽车从水中驶过，还受着浪花的侵蚀。

从未有过的宁静。风吹起一街涟漪，迎月光闪耀着银色，远处的微波摇动街灯的倒影。是这样奇异的幻觉的水国风光，缺少的只是几只画舫，一串歌声了。

转过街角，我解放了几天来拘羁的脚步。

很少行路人，除了我前面的两个：一个挟着蓝花布的破棉被，一个拿了席子和扫帚。是找寻什么的？他们低着头一边走一边就四处察看，沉默如同一块顽石镇在他们身上。到一处比较干燥的地方，他们停步了，一个用扫帚轻轻扫了几下，就在地上摊开了卷着的席子；另一个也就铺上棉被。

“今晚还露宿吗？”我不禁吐露了我的疑问。

“唔，在屋子里就得饲臭虫。”拿扫帚的咒诅似地说。

我看了他一眼，是胡桃似的多皱而贫血的脸。天上的云在厚起来，月亮一时隐没在云里了。我低低地说了一句，近乎自语：“天恐怕要下雨。”

他自始至终连正眼也没有看我，“下了雨再进屋里去吧。”咕噜着算是回答，身体却已经在潮湿的地上倒了下去。

“要生病的。”可是我没有勇气再开口了。病魔对他们算得了什么呢？

我这才看见，不远处早有一个露宿者在做着好梦，连席子也没有，垫着的是几张报纸，已经完全湿透了，入梦的该是一身稀有的清凉吧？再走过几步，一家商店的门前又躺着四五个，蜷缩着挤作一堆。——上面有遮阳，底下是石阶，那的确是燥爽的高原地带，不会有水灾的。什么幸运使他们占了这样的好风水！

多么残酷的生活的战争呵，可是人们面对着战争。他们就是这样地活着，并且还要生存下去……

夜半，梦醒时又听到了奔腾的雨声。

一九三九年七月十一日

凭　吊

像每次经过时一样，我不自主地停步，怅怅的凭栏兀立。

拱形的桥画着弧线，袒开宽阔的胸脯，尽甲壳虫似的汽车从上面爬过。白石桥栏勾出整齐的轮廓，石柱对称地立在两边，柱端的水晶球倏然亮了，正是黄昏。远天还残留着金色的返照。

黑色的苏州河在灯影下喑哑地流。——是两年的委屈和悲愤，压得它倦于歌唱了吗？

铁网傍闹市划开一片荒场，因为风雨的侵蚀，锈烂的铁蒺藜又换上新的了。

把一条窄窄的马路当作界线，面对拥挤的市廛，是望不到头的断墙残椽，在薄霭中起伏如岗峦。野草恣情地茁长，说明这烧焦的地下也不缺乏生气。腐朽的沙袋懒散地做着热闹的旧梦，瓦砾堆中还有着壕堑的痕迹。虫声耐不住寂寞，独自凄凄清清地吟哦。

在珠饰灿烂的外氅下，战争的影子早在这都市里消失，只有这桥畔的一角，还系住一丝硝烟的气息。可是人们匆匆来去，连一声叹喟都懒得付与了。

桥下有货船过去，船夫用他的古铜色的身体一俯一仰地推挽着橹支，船舷低得在水面唼喋。这河上的负重者，何自而来，又何为而去，满载着的是浮于货物的"捐税"，或是一些无税的货品呢？你听听，那咿呀的橹声分明在诉说着被抽剥血肉的怨毒！而栉比地停泊着的船家，正向沉默中消磨黄昏，几家在船头进餐；几家在船尾的煤油灯下作事；也有人倦乏地仰卧舱顶，曲肱为枕，望着肉色的夜空，若有所梦。

苏州河在船底幽咽。流不尽的是黑色的罪恶，是红色的仇恨。

岸边杂草丛生，铁门向租界冷落地关闭，门上讽嘲似的斜出一面垂着头的旗帜——羞耻的五色旗，无人境中的存在！

巍然矗立在苍茫中的却是四行仓库。

它叫人想起蹿天的黑烟，满空的红焰。在火海的包围中，在弹雨的包围中，有我们的国徽迎风独立，猎猎地唱出自信和骄傲……战争史上绚烂的一笔！如今是空洞的巨厦历尽风霜，弹痕遍体，有如罗马城中繁华的遗迹。

还不到两年呢，祖国无际的原野，烽火正炽，而且大踏步走向一个胜利的境域，这里却已经使凭吊者有辽远的“怀古之思”了。

夜色渐浓，因为没有人烟，远处已落入无际的黑暗。荒场上隐隐烁烁飘飘忽忽的，不知道是萤灯还是磷火。

在那儿曾有过斗争，留给我们以生存的信心，但战士却早成枯骨了。假如亡灵在冥冥的世界真能存在，那夜行的游魂，望着隔岸灿然无心的灯火，也该有无端的悲愤？

风送过一串虫声。——

苏州河，几时从屈辱里翻过身来呢？

一九三九年九月

逆 旅

这是一座峨巍的高楼，豪华的大饭店，——像摩天的崖壁，突兀地在闹市中心出现了。

脚下是喧嚣的海，人与车汇成洪波，涡流似地激荡翻卷。四周林立着无数高低新旧的建筑——游戏场、跳舞厅、性病医院……电炬的光影交织成幻异的云彩，网罗半个天空。

像盛宴中的一位嘉宾，满座对她抛过无言的敬礼，这拔地而起的高楼，一样吸引着千万行人的艳羡之色。

饭店开幕第一天，主人在那刚装修完成的大厅里招待宾客。

灯火通明，把漂亮的大厅映照得如同水晶殿堂。来宾安详地满坐在餐桌前面，运用着雪亮的刀叉。招待员来往如穿梭，春风似的暖笑在脸上荡漾。主人站起来了，一张圆而红润的脸，体面的身材，和气而且恭敬，动作与声调都恰合"上流社会"的仪节。他报告这大厦筑成的历史：经过了整整的两年，——前年夏初开工不久，战争就使工程停滞，几乎没法继续。可喜"战后"的繁荣不减当年，这事业的需要更其迫切。到这里他再说明这饭店的设计：餐厅就在底层，舞场将开在摩云的楼顶，每一个房间都是最精致华丽的，它将尽力使旅客从这里得到最好的享受。末后他谦逊他对社会贡献的微薄。

一阵响亮的掌声，一串美满的祝词，报答了主人的热忱。

（感谢我的职业！——在这体面的华筵中也让新闻记者占

了一席。我跟着鼓了掌。可是我的思想正驰骋在一些别的场景上面……)

时光倒流,我看见这坐着的地方——不过是一片砖横瓦乱的场地。

战火正红,怒吼的炮声改变了这都市的面貌。千万人毁了家,狼狈地涌向街头,涌向巷口。我记得这开工不久的建筑,空场上还只立起高楼的骨架,这时就做了许多难民的安息所。

我还记得八月十四日闹市口的一颗炸弹,血染得一街猩红,人肉飞溅到天半,尸体在空场的后面积成了小丘。

我也还记得,这都市失陷以后的第一个冬季,侵略者的行列蜿蜒地从长街踏过;就在这未完成的摩天楼上,有一个年轻的工人,激动地对游行的队伍狂叫着"祖国万岁",一纵身如流星陨泻,用生命表示了他的义愤,对殖民主义的抗议。

狼烟遍地,万里锦绣的河山先后失色,而"孤岛"的繁华却更像个太平的年代了。颓废的诗人把华屋看成荒丘,现在我们却眼看悲惨的地狱幻化成妖艳的天堂。

它的辉煌胜过宫阙,每一个房间都住满了贵客。也许有洋场恶少,正用黄金收买爱情。也许有大腹的豪客,在一把纸牌里面钩心斗角,大堆金钱倏忽地转换着主人。也许还有着种种不可告人的秘密,——欺骗,掠夺,出卖灵魂的交易……

(那个狂呼着"祖国万岁"的跳楼人,不知道是从哪一层楼上跳下来的,而那些房子里现在是什么光景?先前曾在这里寄宿过的,那流离的一群呢?他们是不是还都好好在世上活着?)

虚无主义者视人生如游戏,而以人间为逆旅。在扰攘的天地之间,他们悠然而来,飘然而去。时间老人则如白衣的侍者,一例殷勤接待,迎来了一批,又送走了一批。现在我正置身于这大饭店的客厅里,不禁想起这样的一种生活哲学来了。此时此地,最适合于生存的也许正是这种哲学。可是这正是一种死的说教!人们忘记了,就在这“逆旅”的工地上,也曾有那么严分敌我、坚贞不屈的人,慷慨地流了血的!

正是这种人,在人间留下正气,留下胜利的希望;并且使我们时时羞愧、警惕,不至于被这醉生梦死的浊浪所淹没!

一九三九年十二月

美　丑

什么是美呢？——悦耳的声波，夺目的光彩？还是一切动人心魄的事象？

生活是一个猥琐的尘海，从丑恶到丑恶，一波接着一波，人们辛苦地浮沉其间，却把心灵向着遥远的世界。他们从杂乱中追求和谐，从灰颓中追求绚烂，从腥臭中追求芳醇，从平凡中追求奇迹。理想使现实透明，美好的憧憬使生命充实，而人类也就有所寄托，使历史随岁月延续于无穷。

但生活对人是一种磨折。理想在远处向人殷勤招手，却轻易不让人接近。美好的意义又那么空洞，常常把人引向含糊，引向迷醉。

这岂不是最好的例子吗？——遍野娇艳的罂粟，红得使路人心旌摇荡，却原是一种害人的祸胎。赤练蛇有一身斑斓瑰丽，远过于画工的图案。有谁见过末期肺病患者的？他一定会惊奇于垂绝的生命却有那么姣好的容颜，酡然的双颊，恰如春阳下盛开的桃花。曾经在一个病肺的友人的榻前，静中相对，久久无言，当眼光无意地落在脚下的时候，我忽然为一种神奇的幻觉所迷惑了，——白瓷的痰盂刚经过洗涤，半盂清水，澄明可鉴，其中浮漾着一点猩红，和一瓣嫩翠；它们红绿相间，鲜丽多彩，恰如是一颗浑圆的宝石，配着一块精纯无比的碧玉，并陈在水晶盘上。

仿佛神游于什么宫殿，我痴痴地望了许久，这才瞿然惊醒，像受了恶魔的招诱，不自觉地浑身颤悸，而且胸口作恶，忍不住就要呕吐……

表里一致的和谐，谁能想象是多么值得向往的境界！而人们所接触的，却常是无底的诡诈。更不幸的，是这诡诈更明显地表现在人与人间。蜜饯的笑容后面，可以隐藏着杀机。一串音乐般动听的辞令，往往装饰了空虚和欺骗。最残酷的屠杀者，则必然有道德和法律作护符，恰如高耸入云的锦绣大旗；古今中外都是一例。

罂粟花胜利了，杀人者也胜利了。

造物主把人生安排得这样庄严，把世界点缀得这样华美；却又使其间遍埋着诡谲。——是造物主的狡狯，还是对人类无知的惩罚呢？

秘密

我爱水甚于爱山。山有它不可逼视的森严，面对着重叠的峰嶂，险峨峭拔之感往往使人屏息。而水却不然。烟波无际，天水相接，固然旷阔可观，一湾浅溪的明净，也使人感到宁静与亲切。

在精神生活的领域，我们所向往的境地，不也是这样的吗？有人多智，也有人富于情感，他们或者以哲人似的深思明辨，从容应付世事，剖析人生得失；或者以一颗滚烫的心，注向人类，注向万物，广泛地分担着天地间的哀乐。他们的冷静和激荡都使我们感动，但是更其使我们觉得可爱可亲的，岂不是因为他们心境的澄明，理知凝冻如一潭深碧，情感激动如一片浩瀚的波浪吗？

翻翻历史，再看看现实，有多少喑呜叱咤的人物，他们谈笑自如,轻易不动声色,一眨眼可以使风云变幻,一掀眉可以使山岳崩颓,威严的脸相,深藏着多窍的心,它机警,聪明,勇敢,决断,从这里发出来的,一切是机谋,一切是策略,幽深而不可摸捉,恰如岗峦起伏、林莽纵横的一片大山,对着它,你想象不出是怎样幽深谲奇的光景,却不由得胸口逼窄,呼吸急促,涌起一片森然之感。——是尊敬,也是畏惧。

真正的魔道,则像横山的雾,断流的淤泥,足以使崇峻和澄明失踪的,一种蔽塞性灵的现象:秘密。

试向稠人广座提出质问,谁能够毫无愧色地挺身而出,说是“我生平没有一件不公开的事情”呢?如果他不是撒谎。我们太平凡了,或多或少,不免怀藏着一点隐情,纵或无关道德品质,也只愿意独自知道;如果无心泄露,或者被人指穿,一阵局促,我们会禁不住面红耳赤。这是一种对尊严的伤害,但也是一种解放。秘密永远埋在心底,对一个胸襟不失坦白的人,正是灵魂的无期徒刑。不可想象的,是生命里驮着无数秘密,还能够洒脱自在地活着。

生活如秋空,心境如流水,映照着无比的晶莹。风雨晦明,各极其致,虫沙荇藻,历历可数。这想法也许过于拙朴,因为世态缤纷,人事错杂,一切未必如此单纯。可是设想着这样的境地,不也是一种很大的愉快吗?

执　着

人性中有许多不可解释处,执着正是一点。

晚餐时偶然吃了一点马兰豆,这一夜就做了无数的梦。那深凝的翠色,特别是那略带苦涩的清香,一直逗留在味觉和嗅觉的尖端。——那是一种清草的香气,一种野花的香气,它曾经融化为我存在的一部分,只要一接触,就像看见童年的伴侣,一切

1976年劫后重逢。左起：师陀、巴金、孔罗荪、张乐平、王西彦、柯灵。

柯灵与钱锺书

都极其熟悉。它使我想起绿遍天涯的田园风景，村姑在垄上翦取野菜时的歌声。

为什么呢？——其实我对这野菜也未尝有特别的好感。说来不免哑然，我们虽然在都会里鬼混了多年，早混成道地的城市人了，但来自乡间，依然不能忘情于乡间的泥土气。这样的遐思，也不过是一点对乡土的执着而已。人们离故乡越远，精神的距离反而越近；正如置身海外，或者周旋于异族之间，一个平时忽略的观念就会特别清晰，时时记起自己是黑发黄肤的中国人。

细想起来，我们的感觉大约不能算是十分灵敏的，只要看时间总是带着生命在不知不觉中溜走，就是个老大的证据。但有些地方可真心细如发，对最亲近的人，我们能清楚地听出脚步声，辨出微弱的气息；对热衷的兴味，我们能分析一切最精微的特征，例如豢鸟者懂得鸟语……凡有所爱，有所执着，它们都足以使人颠倒，以生命相角逐，有如殉道者，只要有努力的鹄的，牺牲也就是收获，人们将毫不犹豫地迎取。——感情有所附丽，理想有所寄托：殉爱与殉道者各有自己的世界。

不幸者一无所有，连维持生存最低的条件，例如衣食和自由也失去了，最后也还有他们对生命的执着，在一切迫害与压榨中，他们不顾一切，挣扎求存，“好死不如歹活”。一个风烛残年的老人，战争蔓延到他的乡井，他还是固执地在炮火下留着，为的是那里有他预筑的墓穴。谁能够照料自己一瞑之后的事呢？可是他恋恋于他埋骨的乡土。

我们是生物的一种，所以我们不能解脱一切生物对人世的执着。这是痛苦，也是幸福。

一九四〇年四月二十四日

晦　明

——一个新闻记者的手札

昼　夜

一张床和一方枕，一夜安静的睡眠，有谁体会它们在人生中占着什么位置的吗？我们在阳光下活动，却在黑暗中安息，任月光如水，溶溶地泻到枕边，让我们在这幽光里沐浴一会，洗去一身的烦浊，或者闭起眼来，使心灵化成片叶，飘向不可踪迹的世界。

这不是对黑夜的颂歌。生活如绘画，光影交织，黑白停匀，这才能完成那魅人的形象。而我们知道，在有些人的生活画册里，却只是漆黑一团，分不出明暗。有如暖室的花，阳光从它们的世界里失去，在灯光底下，它们怯怯地开着。——那苍白失血的颜面，深陷无神的眼睛。

他们把白日交给睡眠。不管是碧朗朗的大晴天，是阴暗多雨的日子，照例关紧房门，推出一窗市声，软瘫在被褥零乱的床上，恰如被委弃在垃圾桶里的瓶花。世界醒着，引擎在歌唱，车辆在奔驰，人们在忙碌，一切生物按照自然的规律，竞争和战斗，生发和活动，世界万物，各有所事，却无不浑然一致，有如管弦金革之音，杂在一起，完成一支人世的合奏。而他们，像人生的失眠者，应睡时惺忪，应醒时蒙眬，在清醒的世界里却做着断头无根的乱梦。或者因为要逃避烦嚣，步武着鸵鸟的故技，将头深深地钻进被窝。

隔夜的疲劳舒散一半，人又恍惚地回到现实。眼皮那么沉重，敏感一点，会自己警觉，那上面栖迟着的正是生命的暗影。卧室也许足敷一个回旋，北窗本来无从迎迓太阳，斗室阴阴，怀疑自己还在梦里逗留。用冷水洗个脸，望到窗外，宇宙作灰黄色，有如飞沙的漠北。——知道一天又成尾声了。

偶然在天幕下蹀躞，阳光却刺得双眼发花。

夜来了，他们开始埋首灯下。不管是醉人的春宵，是如水的凉夜，满地月光，或者漫天风雪。夜在进行，恰如深山的浅溪，平静无声地流去。他们却把身子镶在呆板的写字台和冰冷的机器边，把精神贯注到工作上面。生命和长夜赛跑，夜尽时人开始染了一身深沉的疲倦。

闲闲地打几个呵欠，伸一次懒腰，——人世罕有的轻松！——等待着他们的是一张床和一方枕；可是，一场白日的、断头无根的乱梦。

横倒身子，闭起眼睛，打发了黑夜，留下了白天。不知从什么时候起，远天已经透出一抹明蓝，那画师无从描摹的颜色！工厂的汽笛拖着尖音呻唤过后，接着是细碎的鸟声，再接着是辚辚的车声，远远近近，揉成谐和的一片。人世是多情的，又是一番晨景：她永不让世界落寞。爱光明的该站在窗前，吐一口浊气，向睡眠告别了。

灯　下

在写字台边坐下来，展开在明亮的灯光下的是一幅静物画的构图：一大叠订成薄薄册页的油印新闻稿，红黑淋漓的墨水缸，横斜地躺着的红笔，开着口的剪刀，白瓷糨糊小瓶，散乱地堆叠在一起。埋下头去，使用着它们，编排着它们，于是开始了一天的工作，从黄昏后直到黎明之前。

每夜每夜，无例外地把精力耗费在这动作上面，像一架有血肉的机器。可是它的内在并不单调，拿起笔或是剪刀，翻开各式的油印稿，魔术似地，逝去了的一天铺陈在面前，而一切人事的浪潮，像百川归海，汹涌地奔集一处，纷繁地呈在眼底。

油印的字迹，像是广场中密布的人群，蠕动着，拥挤着，表现出无数动人心魄的现象。也许是一场英勇的战斗，字行里雷电交作，动着喊声，迸出炮火。也许是残暴的烧杀，村舍被毒焰吞没，农民遭受荼毒，妇人和孩子的哀号震动天地。也许是人头济济的市场，在狡狯的魔术之下，谣诼像旋风扫向各处，法币化作潮水，翻腾滚涌，倏忽地在多头空头之间来去。也许是闹市中间，枪声中有“显赫一时”的、或者无辜的人们蓦然倒地，结束了生命。……战争、投机、暗杀，像万花筒，每天以不同的姿势表现着这些场面。它们是时代的檄书，用鲜血有力地写出淋漓的大字——战士的英勇，出卖者的无耻。这檄书将送向人海：不管多冷漠的也得为它们兴奋，多麻木的也得为它们震撼。

许多事情意外地平凡，许多事情意外地荒唐，各式各样的人物，演着千奇百怪的悲剧和喜剧。它们平凡得使人吃惊，恰如它们荒唐得使人失色。许多事情变动得那么剧烈，一个大饼三天里可以涨两次价；一个“聪明人”今天鼓吹战争，明天主张“和平”，后天再回过头来痛哭流涕，喊着天说他禁不住良心谴责，他要忏悔。许多事情却还是落在陈套里一成不变，犹如痴男怨女终古逃不出悲欢离合。劫夺和拐诱的记载那么多，琐琐屑屑，多到无从排列。穷人被生活压扁，乘深夜跳江自杀，他们的生命里充满着使人悲愤的事实，但在排天的巨浪前面，这只是小小的水花，甚至泛不起一点耀眼的银色。

在拙劣地、公式地反映着这些人事的稿纸上，剪贴着，用红笔涂抹着，让它们通过排字工人的手，印刷工人的手，派报工人的手，送到读者的眼前。像投一粒石子到水里，一个圆圈无限止地扩大、扩大，波动着人们的心，引起震动、感叹和共鸣。那些人与事，大都跟读者没有直接的关系；可是人们了解他们，关心它们。那些人与事表现着一个真理：同一张国旗下的人民，共同的灾害和幸运都无从分割。人群像无数连锁的铁环，挪移一个，牵动全体。我们今天看着新闻，明天也许就变为新闻里的人物。

徘徊在这纸堆里面，是意识的神奇的旅行，一脚踏上时空的顶点，"登泰山而小天下"，从这里可以鸟瞰社会的秘密，时代的秘密。

江边之晨

江边的夜像一泓平静的水，烦嚣和嘈杂都沉潜了。现在只剩下江声拍岸，若断若续，在无极的空洞中，道出它永恒的独语。

沿江的马路一直延伸开去，路面平滑如镜，显得有点空空荡荡，地阔天宽。海关大钟高高镶在天际，像是初升的月亮。码头边站着守夜的巡捕，静悄悄望着岸边的船只，随波摇动；望着江心外国兵舰上灿然的灯火，映在水里，变成一团缭乱的金光。

但到宵禁的时间将要结束，一切也就活动起来。

小街上的舞场开始休息，路边最初出现了一些舞女和外国水兵；舞女默然走着，水兵却还高声地唱歌。街角和弄底闪烁着疲倦和憔悴的女人，在接待最后的主顾。跟面团团的买办先生一样，她们是殖民地都市的特产，"承恩"于那些碧眼金发的人们——可怜的青春出卖者！

另一群人迎着凌晨的黄浦零零落落朝东走，背着竹筐，带着麻袋，挑着担子。他们是一些小贩，一些在生活的底层打滚的人。他们来自市内我们踪迹所不到的角落，汇在一处，赶向黎明的菜市，批来一点经过重重盘剥的、高价的青菜萝卜，准备晨间去跟市民争争吵吵，博取蝇头微利。

从相反的方向，远处有一串黑点蠕动着了，它们逐渐移近，就看出来是一群农民打扮的男女。他们背着简单的包袱和被卷，说明他们是远方的来客。眉尖染着异地的风霜，乡土的怀恋；还有，也许是缭绕在眼前的一团彩色的希望。在漂亮的大建筑前面，带泥的双脚栖栖皇皇地走，没有人知道他们来自何处，迎迓他们的是什么命运。可是一个平凡的联想，却谁都可以立刻引起：沦陷区的庄稼人，避开烧和杀，逃出自己生根的土地，走向辽远的天涯。

一些载货和运菜的车辆，也逐渐出现了。寂静的江边充满了憧憧的人影，江上开始反映出一抹晨光。按照时候推算，夜游者已经上床，全市的人们都还在做梦。

这是上海一日间最初的一刹那，它所展示的正是“孤岛”灵魂的一角。

道场散了

天亮以前的街道是寂寞的，空气清冽得近乎冷峭。跳舞场门前的霓虹灯，却还红得那样娇艳。舞场在楼上，一排临街的窗子，垂着纱帘，恰像是浮在半空的蓬山仙岛。望得见缥缥缈缈的灯光，摇摇晃晃的人影。乐声半似慷慨，半似吝惜，零落地溢散在夜气里。

时候略晚一点，门前就常有早归的舞伴出现。女的一手挟着皮包，一手拉着曳地的长裙，倚在男子身边，悄然地站着，那阑珊的神气仿佛正在诉说着寂寞。卖花的老人跑过来了，银色的须发，跟那一筐鲜艳的花朵作着强烈的对照，等到他的主顾冷淡地摇着头，于是又静静退去。接着来了汽车。一个俨然盛装的童子，拉开车门，把客人让进去，车门空洞地响着，汽车开走了。

在清冷的街上，一直可以看到它逐渐变成一个黑点，然后从眼前消逝，不知道它走失在什么方向。

有些汽车开得比较慢，可以清楚地看见车窗中并头的双影，车中人在回家安息以前还不放弃那最后的拥抱和接吻。

虽然一样把生命力消耗在夜里，这样的生活跟我们大概有点隔膜。可是它常常引起我的遐想。在盛筵将散的时候，在春宵将尽的时候，在富贵梦醒、黄粱未熟的时候，——跟在后面的是离散，是天明，是幻灭和无从摸捉的留恋，热闹像焚过的花纸，绚烂和繁华都不留半分痕迹，一撮灰扬到空中飞个干净。——不会有一点发自深心的怅惘吗？

世上的事情有许多变得厉害，有许多却像是万古常新。我想起一出古典的戏曲，戏里面有个书生，为了一位多情的相国千金，在斋堂里如痴如狂地闹了一夜，直到道场散去，鼓声磬声都在晨光里消歇，他像从梦幻的高峰上突然摔下，跌入无底的空谷，于是他怅怅地唱出了这样的歌词：

劳攘了一宵，
月儿早沉，
钟儿早响，
鸡儿早叫，
玉人儿去得疾，
好事儿收拾得早，
道场散了；
酩子里各回家。
葫芦提已到晓。[①]

你听听，这声音多颓废，然而多窎远！像发自太空，来自上

① 见《西厢记》中“闹斋”一出。

古，摇摇晃晃，直向人心里钻。它唱出了我们“才子佳人”、“达官贵客”永久的悲哀。——他们闹得起劲，混得高兴，一到天明，可是万事全休，只好带个三分醉意回家出洋。一个警句说“人生是戏”，不管荒年乱世，国难家仇，许多人就永远在这热闹的人生舞台上，打扮得齐齐整整，体体面面，饰演这类闹剧和喜剧中的角色。

一九四〇年五月十日

供　状

——《晦明》代序

我的生命里充满着矛盾。梦和现实相纠结，知与情永远扞格，理想向我热心地招手，叫我高翔，不长进的性习却以琐屑的生活为武器，死命拖住我不放。我只好双脚陷在泥里，仰着脖子向蓝天呆望，朝星星出神。矛盾，这制造悲剧的专家！它替我不断地酝酿烦扰与痛苦，使我的心难得有机会平衡。

这是一个平凡的小人物的悲哀，不值得提。在这举世鼎沸的时代，任谁也没有把琐屑的凡情随便向人倾诉的权利。可是，怪！我只觉得内心有一种不可抑制的力量，老是在冲撞，激荡，简直有点像火山肚里的熔岩。这困扰是我所从来没有的。您知道，一般中国人都有他祖传的度世法，那是麻木与妥协的混血儿，万试万灵的四字诀："随遇而安"。倘这人富于幻想，还可以躲进他心造的天地。不瞒您，我如果不属于这一类，那距离也不过五十步与百步。我自来浮沉尘海，虽然一样关心世事兴替，阅历人间哀乐，至少还能够保持内在的和谐与平静。对熟人能够谈笑自若，独处时不缺少优哉游哉、负手闲步的雅兴，在不宜说话不愿开口的场合，则保持极其自然的缄默。现在这光景却有点远哉遥遥。仿佛一潭静水，经卷天席地的飓风一刮，沉滓兜底泛起，断梗腐草乱糟糟的飘满水面。一腔乱麻似的思绪，葛藤似的情感，似乎没头没脑地粘结着，急于要待清理，要给掏出来看个究竟，然而无从着手。

这怪病是怎么来的?

我明白自己的弱点,这倒霉正是报应。时代也许有点关系,但我们最好别把个人的一切病态都推给外因,图个轻松利落。时势多难,是的;环境杌陧,是的。这相干,但也不相干。

血腥的刺激,生活的挤压,再加上一切不应有的畸形现象,的确是伟大的经验,一种不可想象的奴隶的经验。你到街上去兜一圈,你奇怪这里为什么人那样多,挨肩擦背,简直像蚁群。你禁不住要想,他们都是哪里来的,他们活得很快乐吗?骤然看去,光景真是有点熙熙攘攘。可是碰得巧,你就有幸运看见一点小小的变化:男子头上的帽子,女人胁下的皮包,甚至小孩子手里的大饼油条,都会被突然从人丛里闪出来的好汉所劫掠,从容地穿越马路而去。有机会坐公共车辆,再留心一下里面的光景:卖票的斜着眼珠,流着汗,就像放抢似的揩油。投机事业早成了国难期间的特产,比起许多暴富的名公巨贾,卖票员的搜刮还不如沧海一粟,你就要由衷的原谅。你再冷眼看看乘客,有的轩昂,有的体面,却多多少少从眼神里泄露出一点淫欲与邪恶;大多数的是萎顿,没精打采,坐着的打瞌睡,刚上来的乱钻乱窜找座位,勇猛如豹,灵活如兔,看见有人向女客让座,他一歪屁股占了先,咂咂嘴,心安理得,稳如泰山。一个短褐的乡下人,不曾看清车窗好好关着,对准它就是一口浓痰,淋漓尽致地粘在玻璃上面,看看旁人厌恶的神色,一时着了慌,羞怯而迟钝地一笑,赶快用手心抹掉,然后擦到裤管上去。站头上挤着登车,争先恐后,这时候偏巧跑来一个“友邦”的巡捕,挥动木棍,一股劲儿往下推,有人首当其冲,站定了就对着车门大骂:“都是中国人,神气什么,有种你去打××!”他没有留心把他推下去的那位,并不是我们贵同胞。幸而那巡捕先生不懂中国话,只是轻蔑地望着那张唾沫横飞的大嘴……哦,别看了,再看下去你会惊叫出来,晚上也得从梦里吓醒。天,这是什么世界,是什么力量把他们逼成了这样子！

但许多人因为钱得来容易，日子却过得出奇的奢华。戏院的票价无论怎样高都有人欣赏，酒家的菜价无论怎样贵都有人请教。别一方面，则又天天有人在马路上横死。每个人都随时受着无常的威胁。

猥琐，麻木，淫亵，残酷，易怒，这像是乌糟的染缸，人性在这里不知不觉地变色。像是可怕的陷人坑，它教人窒息，胀闷，如果有谁宣布世界将永远这个样子，一定有无数人立刻脑充血，否则就变成疯子。

时代的轮下照例倒拖着一大批人，拖得他们气息奄奄，没法自主，这不稀罕。痛心的是还有人想把时代拉着往后退，使世界更加混乱，苍生更多磨难。多少水深火热中期待解放的人，一下子更坠入绝望的冰窖；本来生气虎虎，极其乐观的也摔了跤，一时失却自信，禁不住发出疑问：难道我们这民族竟这么没有出息？

但这只是一面。世上也有推动时代向前走的，他们镇定沉着，结实勇敢，有如狂澜中的舵手，掌握着个人的运命，民族的运命，狂风骤雨奈何不了他们，威胁凌辱折服不了他们，千真万确，无可置疑。

就近看，单说我所熟知的一些先辈和友人，就说不清多么值得歆羡。他们如高山，如流水，没有什么可以摇撼他们的坚定，阻止他们的活动。他们热情，然而冷静；顽强，然而从容。无论在怎样的场合，他们静静地工作，默默地战斗，把健康的心力献给真理，献给信仰。说到苦难，他们不比谁负担得少，精神上的虐待毋宁说比别人更多，若干人集穷困、疾病、伤悼、排挤、冷淡于一身，可是他从不喊一句苦，漏一声呻吟……他们生命的本身就闪耀着民族的希望，人类的希望。

他们的精神把我往高处吸，往深处引。感谢他们，使我有了挣扎的勇气，没有在苦闷的海里灭顶。但也正因为这样，恰如给了我一面莹澈的穿衣镜，站在它面前，分明照出了我的瘦怯与惶惑。多泄气，我偷看自己一眼，再没有勇气抬头。

我试着拯救自己，不断地使用这枝笔——虽然写得那么少，却没有长期停摆过。这是我生活的一部分，靠它我支持精神的生存，使我在灰颓里闪过一线挣扎的微光。但这对我也几乎是一种痛苦。我有着职业，却缺少生活——这意思是经历，体验乃至观察，见闻所及，有时几乎囿于斗室。大半的时间为琐碎的工作所支配，再加上感情和人事的磨折，能派给思索的也微乎其微。我常常暗自催促：写一点，多少写一点！可是等到有机会提笔，往往两三天写不了几行。笔本来倔强，不肯伏贴，近一年来我又悲哀地发见：我的心灵竟是这么枯窘，作文倒像是拶逼。更糟的是，我沉不下气，一些肤浅的思想，躁急的情绪，来不及凝结成形象，有如网鱼找到漏洞，争着往外跳跃，写文章简直成了情感的宣泄——我以杂文的形式驱遣愤怒，而以散文的形式抒发忧郁，我的精神的瞀乱，用这方法给了奇妙的统一。

可是我又禁不住替自己捏一把冷汗。偶然的机会，我曾从内地报纸上读到一位先生的大作，据说因为后方城市和上海文艺界正流行着“飘飘然的散文”，使他发生了近乎愤激的感慨。这位先生是值得羡慕的，他有愤慨的权利。但我的散文——如果是散文，可不正就是这一类？

在一本小书的前面，我唠叨了这半天，衬着一堆芜杂贫弱的作品，简直就显得尾大不掉。我不知道从哪儿忽然飞来那么多的废话。多寒伧，多蠢俗！我自己也觉得应该打住了。但我要求读者的不是宽恕，而是对这些作品产生的环境与心情一分半分的了解。这是墙阴下的一茎草，暴风过处，不知从哪里卷来一粒种子，不甘湮没，遂向远处的阳光雨露，伸展出它细小的枝叶来。苍白，荏弱，正是它的本色；它不希冀欣赏，它的存在只是对生存的争取，对自然的抗议。

一九四一年六月二十三日夜，于“孤岛”

伟大的寂寞

——悼周木斋

战斗又谈何容易，但私淑的心情却是有的，由于自幼看着忠厚劳苦的母亲受人欺凌而死，小妹失恃漂泊而死，而我也就是漂泊于欺凌者群之间的一个，以沉默为反抗，日积月累，便酿成了一副戆脾气。这是升华罢，但欺凌者群也有“升华”的，我们不是感到窒息吗？

周木斋：《消长集·前记》

一九四一年七月二十五日午后，在武定路一家殡仪馆里，我参加了一个亡友的丧仪。这朋友是年轻而寂寞的，他和冷酷的社会战斗了一生，和缠绵的疾病挣扎了十个月，现在他匆促地放下一切，悄然走了。

人是社会的生物——我们生活在流光的海里，人的海里，爱与憎，拥抱与斗争，使人间悲喜交织，充满着大热闹。然而人们有时是极其寂寞的——寂寞地生下来，寂寞地活着，寂寞地战斗，然后寂寞地死去。

恰如死者的生平，丧仪也异常地落寞，灵堂地位很小，孝幔低垂，冷清清挂着仅有的一副挽联——旧小说上说“白头人反送黑头人”，这唯一的挽联正是他尊人的哀辞，那素朴的骈语上就淋漓着老人的血泪。灵前有三五个花圈，供桌上除了香烛，是一张高度还不满一尺的遗影——他还是生前那样，拘谨、温和、沉静地望着人，似乎有许多话要说，可是又说不出来。

孝幔里面传出哭声，是一种使人断肠的哭声。灵前有几个乐人弄着丧曲，像塞上黄昏的唢呐，凄凄切切地回荡。

望着死者的遗影，我觉得眼睑的酸涩和沉重。他是这以前的三天死去的，他的死讯在熟人间无一得到，直到大殓这一天，一个朋友偶然从报纸上看到他的报丧广告，才惊疑地通知了几个较为接近的朋友。到殡仪馆去的路上，我还怀有万一的侥倖心，希望广告上所刊的或者竟是别一个同姓名的人。——人有时不免于自私，我们愿意幸运降临于自己的周围，而不幸属于陌路的他人。可是现在证明了这是一种妄想，我们已经永远失去这可敬爱的朋友了。无常的人生！活得这样强的，却死得这样早，钢铁的意志竟无补于生命的脆弱！

我和同去的朋友黯然坐在灵堂的一角，我们都没有说话。死者生前的耿介使他寡交，赶来吊唁的更显得寥落。零星地来，断续地去，看情形，有许多怕还是他父亲和哥哥的友人，为了慰唁生者而来的。他自己接近的朋友总共不过六七人，他们都是默然而来，默然向灵前行礼，接着眼红红地退下来，默然相望，不发一言。

要恰当地赞美一个人，正像中肯的批评一样艰难。要写出对这亡友的正确的理解，而又不偏于感情，或偏于理智，是困难的。他和有些旧知识分子一样，有点洁癖，一生远避着势利和虚骄，但他同时是谦和的；而且，他并不躲避现实，他站在新世界和旧世界斗争的前线，近十年来不断发表数量可观的杂文，正是他驰突的痕迹；这些文字是尖锐、进步的，说明他是一个勇猛的革命斗士。可是这斗士却出奇地孤独，“由于自幼看着忠厚劳苦的母亲受人欺凌而死，小妹失恃漂泊而死，而我也就是漂泊于欺凌者群之间的一个，以沉默为反抗，日积月累，便酿成了一副戆脾气。”这戆脾气使他对一切都不肯将就。

“沉默”，真是他的一个大缺点。他的性情实际并不冷，他爱朋友,但不擅谈吐,即使是最熟的熟人,跟他在一起,也常常弄得相对无言。他温和而沉静地望着你,似乎要说话,到头却是沉默。他可以给你潜在的温暖,但你没法从他得到娓娓清谈的愉快。最糟的是过分的拘谨,送朋友必送到大门以外。这些缺点使若干友人纵然惦记着他,也轻易不向他访问。

谁都想得到,在这崇尚招摇、时行哄骗的社会里,这样的性格会招致什么结果。冷淡!在如海的人潮中,他永远是寂寞的一个。

战前他在一家晚报当编辑,上海沦陷,那报纸接受了敌人的检查(但后来不久就改悬"洋商"招牌,恢复独立),他冒着饥饿的危险,跟几个同事一起毅然退出了。随后他又前后在两家报馆做事,接着却不欢而散。在一家报馆他编的是副刊。上海的报馆老板,是像一个模子里塑出来的,他们发最廉的薪水,出最低的稿费,却要求三教九流无不爱看的好读物;他自然没法满足这要求。有一天,老板笑嘻嘻地提出了交涉:"先生!副刊最好编得趣味浓一点,我们征求一篇×××① 的小说,你看好不好?"他没有回答,第二天默默地辞了职。以后由朋友介绍,还有两家报馆请他,他咬紧牙关,不再干这个了。

"合则留,不合则去",原没有什么了不起,可是在这样的世道,至少也得骨头硬一点才行,因为接下去他就要受生活的熬炼。

好!冷淡,失业,贫穷,都来吧,他还有一枝笔!两年来他关紧房门,不断地写,以比战前更刻薄的稿费,应付着涨了十倍的生活高潮,直到力疾而仆。(香港一般书店卢豫冬主编的"新现实丛书"中,他有一本近四百页的《新中国政治史》,就是这时期写成的。)可是他不喊一声苦,即使在最接近的朋友前面,在文字

① 一位著名的"礼拜六"派小说家。

里，他也轻易不表现自己……

是那样落寞的生，默无一言的死——几乎像是陨星流泻，落地无声。他什么人都不惊扰。

坐在四壁萧然的灵堂里，面对这庄严而苍凉的人生，谁能够无动于衷呢？

大殓时，我们向死去的友人作了最后的告别。他平静地躺在黑洞洞的棺木里，闭着双眼，除了过分瘦削，还是那样的安详，那神色仿佛传达着一片无声的语言：磨尽了生命的光，完成了为人的义务，"施比受更为有福"，他已经无所憾于人世。每一个送别者都懂得这语言，他们多数低了头，用手巾擦着眼。

白发的老人对爱子重温了最后的一瞥，又逃避似地跑开去，从喉咙底里发出了一串干咽。他的哥哥在一边挥泪相向。攀着棺沿嚎啕的是他的夫人，两个女眷抱着劝解也解不开她疯狂一样的悲痛，一个七八岁的小女孩，满身缟素，怔怔地望着母亲，却不发一语。——可怜的孩子！让我们来祝福她！这小小的灵魂，似乎已经承袭着不幸的遗传，她平时就不爱跟一般孩子作伴，一看见生人就要哭泣，那孤独的性格正像她的父亲。

我再也禁不住我的眼泪。

走出殡仪馆，茫然踅向归途，我被一种矛盾苦恼着：有些正直的人一生受尽排挤，一经长眠，却无论敌友，都来悼惜，哄哄然好不热闹；这种热闹固然令人啼笑皆非，像这样从生到死的冷淡，却也真使人禁不住倒抽一口寒气。但对这位已逝者，这恐怕倒是最合适的吧？

这寂寞的战斗者，让我用最虔敬的哀悼来纪念他——周木斋先生。

一九四一年七月三十日

在西湖——抗战结束那一天

四月初，我和师陀、唐弢逛了一次杭州。忙里偷闲，连来带去不过六天，筹备时间却花了不少，临走痛下决心，摆脱一切，这奇峰突起的洒脱，也算是对蛰居八年苦闷的发泄。

我是江南人，颇喜欢江南的春天，也许俗一点，却俗得可爱。杭州就是如此。荡湖，爬山，逛庄子，吃并不出在西湖里的"西湖醋鱼"，几乎是照例的了。清早看看晓风中的一堤杨柳，或者倦游之后，在湖心亭沏一杯龙井，看看暮霭中淡淡的远山，虽不入谱，也自有勾人的力量，觉得祖国的河山真是可爱。唐弢是第一次到杭州，自有一份应有的新鲜。师陀战前曾在西泠桥边流连过几个月，所以能看出某处被砍走了无数荫荫的大树，某处楼台依旧，景物已非，不胜丁令威化鹤归来之感。这地方对我也算是旧游之地，去年夏天还来过一次。若说印象，也应当以那一次为最深。

去年同行的是佐临。因为那时在上海已经待不住，仓皇出走，预备投奔沦陷区人民所向往的"内地"。巧得很，去的那天是八月九号，天热得像蒸。我们耽搁在一家茶庄里。第二天，就听说苏联对日开战了，市场大乱。再隔一天，飞飞扬扬地传说日本投降的消息。现在我们对"胜利"都不免有点倒胃口，当时对这样伟大的字眼，却只能算是张生惊艳，"我本是多愁多病身，怎当你倾国倾城貌"，多少带点单相思还夹着受宠若惊的味道。抗战真要结束了吗？不可信其无，不敢信其有。出去走走，打听打听吧。到了下午，火车带到了上海的新闻，听说上海已经闹翻了天，全市悬旗，南京路上人山人海，看见日本兵就围着起哄，还有拿西瓜皮打日本兵的。那么像是真的了。

我们很懊悔没有迟走一两天，错过了那个热烈的大场面。仔细想来，上海人对中国这样天翻地覆的大事情，真正如醉如狂的也不过是这么一次吧，以后他们立刻就成为被"劫收"的对象了。第二天，杭州的日本宪兵队到处张贴告示，说是有谁造谣生事，有损"皇军"威信的，决定军法从事，严惩不贷。湖滨就贴得有这种布告。为了留作纪念，我们曾在那儿拍了一张照片。

杭州还是静静的，和西子湖一样，水波不兴。既来之，则安之，理当逛了西湖再说。这时杭州很有些预备走屯溪的熟人，陈西老正在湖边作"隐士"；佐临的二弟佐桑，熟人管他叫二爷的，就带着他的夫人和孩子住在旅馆里，游伴倒是不少。我们雇船下湖，太阳烫得可以，连湖上吹来的风都是灼热的。里湖禁止通行，荷叶荷花把湖面都密密地封住了。上岸去了一次岳坟。苏堤不准走，灵隐听说可以去，不敢冒险，却逛了玉泉。日本兵照旧在那儿活动，行若无事，要不是玉泉的鱼不大可口，他们大概还可以随时捞取，吃着消遣。湖滨公园夏晚循例满设茶座，这时也照旧的熙熙攘攘。我们每夜去喝茶，西湖在月下幻成了银灰色，好看得很，只是没有船只，因为日军禁止入夜游湖。

八月十五日，混沌的消息渐渐成形，但依然有点搔摸不着的感觉。"神圣"的"内地"看来可以不必去了，虽然那时候到交界地方去抓一把泥土回来，似乎也有涤垢去污、脱胎换骨的灵效。二爷夫妇决定搬到西泠，预备好好地欣赏几天湖光山色，然后回上海。坐船送他们到了那边，时间已近正午，阳光炙得人软洋洋地，西泠饭店蹲在山脚上寂静无声。这是杭州最好的旅馆，大日本军管理，住着许多日本高级军官。我同佐临出旅馆的时候，从穿堂间望紧闭着玻璃门的客厅里，正是一个无限严肃的场面：对着一具无线电播音机,全体日本军官肃立低首,播音机里送出严冷而悲哀的声音。我们很快地联想到:他们也许在收听日皇的投降诏书吧?如果不错,那么这是目击了我们民族的敌人——一个强悍的军国主义国家倒下去的历史场景,我们总算不虚此行了。二爷安顿好房间,赶来告诉我们,他看见日本军官一边听着广播,一边掏出手巾,默默揩掉颊上的眼泪。

哦,他们哭了,我们自然应当笑。在楼外楼午餐的时候,我们喝了酒。饭后下西湖。佐临的生活和他的工作是永远分不开的,他做梦也往往不离戏剧,这次原为逃难而来,不料就要回去迎接太平岁月了,他提议就赶这几天弄一出戏,利用炎炎的夏午,就在船上谈出一个眉目来。软风掠过湖面,偶尔夹一阵轻凉,更多的却是热浪。在闪亮通明的天空下,似乎整个西湖都镀了金,连四围的远山也须眉毕现,逼得人眼睛发花。好像八年的疲劳都来围攻了,我们想睡觉。

把船停泊在金带桥下,涵洞里有袭人的荫凉,风吹得呼呼作声,真当得忘怀千古酣然一梦。可是我怎么也睡不着。当前的环境如此恬静,仿佛时间和空间同时凝固,而我们却被历史的大网筛下来,摔在太空以外。这么惊天动地的大事变,就这么轻轻收场,全世界已经听不到枪声了吗?战争从此消亡,和平已经来到人间了吗?我似梦非梦,似醒非醒,一颗心虚飘飘地,只是沾不着边,要抓住点什么,也抓不住。我曾经梦想这一天,全世界到处挤满着人,大家欢呼狂笑,满脸是泪。……我无意中看看舟子,他正斜倚船尾,把双脚伸在水里,闲闲地打水。

佐临显然也没有睡着,他忽然睁开眼睛说:“你听听,什么声音?”

凝神细听,微风过处,一阵阵传来隐约的人声,窎远,然而宏大,像是人海中起着波涛,酝酿风暴。也许湖滨已经闹起来了。我们决计把船摇向湖滨去。佐临望着远处,若有所悟,一个预言

1986年柯灵与黄佐临

柯灵与巴金

家似地说："打完了仗，干戏也许更麻烦了。"他大概也没有料到这个话竟成了谶语。

回到旗下，一切如旧，市声遥听近却无，原来我们为它所骗了。但过了一夜，事情终于证实。昨天还宣传"大东亚"的报纸，今朝一个大翻身，向读者从容报捷。满街是国旗，鞭炮声断断续续响了一整天，晚间上饭馆，古趣盎然的手拉风扇已经拆除，招风又可以用电力了；黑布的防空罩一旦撤销，更是满处透露着明亮和喜悦。——似乎是人世从来没有过的明亮和喜悦。

现在胜利叫我们失望，可是先前的确叫我们激动过的。那天晚上第一次解放的风和光，至今还给我很深的印象。

这次到杭州，虽然不免随处是劫后的创痕，然而到底是胜利了，湖上总算已经没有什么禁地，可以让游人自由行动。因为时间可贵，我们把游程排得密密匝匝，几乎一点空隙都没有。旅行最重要的是悠闲，这种"鞠躬尽瘁"的玩法未免落于下乘，可是也没有办法。许多被封锁了八年的所在，我们走马看花地都到了；还寻访了几处一般游客不大涉足的古迹。最使我喜欢的却是灵隐道上的桃林，漫天遍野，绵延不绝，像点了一地的胭脂。我从来没有欣赏过这样的情景。苏堤原是我所喜爱的地方，去夏到杭州想去走走，却顶头碰着个直眉瞪眼的日本兵，只好不声不响退回来，这次总算痛痛快快地流连了一清早。雾还没有消散，整个西湖是浅蓝带乳白，远山像涂了几笔石青。如果西湖的好处是清和秀，这时候可算清逸秀丽到了极处。堤上静得出奇，偶尔有鸟语一声两声；一个少女骑了自行车，穿过夹道的垂杨，在如雾如烟的绿色中逝去，留下的还是一堤空寂。堤边有几树临水的桃花，正当盛开，这几点嫣红似乎就饱孕着满湖的春色。这才是西湖，才是春天！谢谢胜利，我们总算度过一次春天了。

白天玩得高兴，晚上就在旅馆里大作打油诗。唐弢打得最多，师陀也有所作；让我抄下自己的一首，作为这篇小文的结束：

忍看降幡出帝城，水天渺渺一遗民；

蒙羞岂欲朝西子，千古恼人是战声。

这说的是一个船夫所讲的故事：胜利以后不久，一对日本的年轻夫妇，从太和园痛饮出来，放棹湖心，男的忽然纵身跳下水去；船夫要打救，女的满面泪痕，拉着船夫苦苦哀求，请他不要援救她的丈夫……这故事使我陷入复杂的情绪，不知道是酸是苦，是悲悯是憎恨，还是悚惧。和平对全世界说来都是福音，对侵略者和被黩武主义所麻醉的人，却是如此这般的悲剧。无论如何，我们应该让这种可怕的现象在世上永远消灭了。写在这里，作为我们的一个警惕吧。

一九四六年五月九日夜

桐 庐 行

我生长在水乡，水使我感到亲切。如果我的性格里有明快的成分，那是水给我的，那澄明透澈的水，浅绿的水。

我多次横渡钱塘江，却只是往来两岸之间，没有机会沿江看看。钱塘上游的富春江，早就给我许多幻想了，直到最近，才算了却这个无关紧要的心愿。

江上旅游，最理想的，应当坐木船，浮家泛宅，不计时日，迎晓风，送夕阳，看明月，一路从从容容地走去，觉得什么地方好，就在那里停泊，等兴尽了再走。自然，在这样动乱的时代，这只是一种遐想。这次到富春江，从杭州出发，行程只有一天，早去晚回，雇的是一艘小火轮。抗战期间，从杭州到所谓“自由”区的屯溪，这是一条必经之路，舟楫往来，很热闹过一时；现在“曲终人不见，江上数峰青”，才还了它原来的清静。在目前这样“圣明”的“盛世”，专程游览而去的，大概这还算是第一次。

论风景，富春江最好的地方在桐庐到严州之间，出名的七里泷和严子陵钓台都在那一段；可是我们到了桐庐就折回了，没有再上去。原因有两种，时间限制是其一，主要的是因为那边不太平，据说有强盗，一种无以为生、铤而走险的“大国民”。安全第一，不去为上。这自然未免扫兴，好比拜访神交已久的朋友，到了门口没法进去，到底缘悭一面。妙的是桐庐这扇大门着实有点气派，虽然望门投止，也可以约略窥见那秀甲天下的光景。

从钱塘、富春溯江而上，经富阳到桐庐，整整走了九小时，约莫有二百里的水程。清早启碇,沐着袭人的凉意,上面是层云飘忽的高空,下面是一江粼粼的清流,天连水,水连天,交接处迎面挡着一道屏风似的山影。——这的确是屏,不像山,动人的是那色彩,浓蓝夹翠绿,深深浅浅,像用极细极细的工笔在淡青绢本上点出来的。这一路上去,目不暇接的是远远近近的山,明明暗暗的树,潮平岸阔,风正帆轻,偶或在无穷的原野中出现临河的小村小镇,听听遥岸的人声,也自有一种亲切和喜悦。

过了富阳,因为连日阴雨,山上的积水顺流而下,满江是赭色的急湍。船行本是逆流,这一来走得更慢。时间太久了,不断的“疲劳欣赏”渐渐使人感到单调。直到壁立的桐君山在船头出现,这才士气大振,似乎发现了新大陆。

拿经历来印证想象,过去这大半天所见的光景,跟我虚构的画面至少有点不符。我想象中的富春江没有这么开阔,夹岸对峙着悬崖峭壁,翠嶂青峰,另是一番深峻的气象。看到桐君山,我这才像是看到了梦中的旧相识。它巍然矗立,那么陡峭,那么庄严,似乎颇藐视我这个昂首惊喜的游人。山上没有什么嶙峋的怪石,却是杂树葱茏,有一株不知名的花树,众醉独醒,开得正在当令。绿云掩映之间,山巅掣出几间缥缈的屋子,有人正在窗前探首,向江心俯瞰。

船转过山脚,天目溪从斜刺里迎面而来,富春江是一片绀赭,而它却是溶溶的碧流,两种截然不同的颜色,在这里分成两半,形成稀有的奇景。

桐君山并不高,却以地位和形势取胜,兼有山和水的佳趣。背后是深谷,绵延的山脉;前面极目无垠,原野如绣,而两面临水,脚底下就是那滔滔东去的大江;隔岸相望,两江交叉处是桐庐的市廛一撮,另一面又是隔岸的青山。山顶的庙宇已经破残不堪,从那漏空的断壁,洞穿的飞檐,朱痕犹在的雕阑画栋之间,到处嵌进了山,望得见水。庙后的一株石榴,寂寞中兀自开得绚烂,那耀眼的艳红真当得起"如火如荼"的形容,似乎也只有这样的地方才配有它。站在山顶,居高临下,看看那幽深雄奇的气势,我想起历史,想起战争,想起我们的河山如此之美,而祖国偏又如此多难。在这次抗日战争中,桐庐曾经几度沦陷,缅想敌人立马山头,面对如此山川,而它的主人却是一个坚忍的、不可征服的民族,我不知激动他的是一种怎样的情感。

渡水过桐庐,从江边拾级而上,我们在街上闲闲地溜达了一回。这是个江城,同时是个山城,所以高高地矗立在水上。像喜欢杭州的龙井一样,我喜欢这个小城。好在小,比较整洁,有温暖亲切的感觉,令人向往丰乐和平、日长如年的岁月,不像有些小村小城,一接触到就使人想起灾难、贫穷、老死,想起我们民族的困厄。桐庐街道虽小,却并无逼窄之感,道旁疏疏地种着街树,这似乎是别的小城市中所不经见的。市街相当繁荣,有些房子正在建造。劫灰犹在,春意乍生,可以看出这个小城是相当富庶的。

临江有一家旅馆,两面临水。一位朋友曾经在那里投宿,据说入夜倚窗,看山间明月,江上渔灯,有不可描摹的情趣。可惜我们没有这个幸运。

数年来梦想的富春江,总算看过了。虽然连七里泷和钓台的面也没有见,可是到底逛了桐庐。这就够了!单为爬一次桐君山,也算得此行不虚!人们艳说上游如何如何的山回水曲,引人入胜;如何如何的柳暗花明,奇峰突起,看了桐庐,我们的想象有了驰骋的依托,从这里也可以得其一二,愿将此留供低徊,作他日直溯上游时的印证吧。

一九四六年六月十二日

萨克森瑞士纪游

在东德东南边境，有一带秀丽的山川陵谷，是德国人艳称的萨克森瑞士。其中著名的胜境，名为勃斯泰依。

萨克森瑞士曾经是一片蛮烟荒草，人迹罕到。从上弗兰哥尼亚移来的农民辛苦地建立起村落以后，又成为波希米亚和萨克森贵族的角逐之场。只是前此一个半世纪，一位瑞士画家发见了它如画的风光，赞叹称颂，这才播腾人口，逐渐成为远近知名的风景区。随着德国工业化程度的加深，游客的踪迹日益繁密，并成为德国人民休闲度假、怡悦身心的去处。

勃斯泰依所占的地域并不广，可是幽深奇丽，真当得起“引人入胜”这四个大字。

我们这次旅行，是从德累斯顿出发的。出了城，汽车一直往南走。在辽远的地平线上，不久就出现了一些挺秀的峰峦，大有桂林、阴朔的风味。但一路所见，却始终是旷阔的田畴，间以静谧整洁的村庄。最后穿过一片密林，来到一个小巧玲珑、半村半廓的所在，勃斯泰依已经到了。

走上一条紧凑的小街，有店家三两，橱窗里陈列着当地特产的文玩小品。我有点纳罕，因为这小街固然颇有宜人的佳趣，但和我想望中的萨克森瑞士，毕竟距离过大。接着我们走进街边的勃斯泰依饭店。——真没有想到！当我走到餐厅前面一整排轩敞的长窗前面，差一点高兴得惊叫起来。

勃斯泰依仿佛是一位好客而风趣的主人，为了给游客以意外的喜悦，苦心构想了出奇制胜的布局，要使人感到惝恍迷离，目不暇接。我一直以为自己刚才是在平原上行车，现在才知道不知不觉中已经身在高山：从窗下望去，只看见悬崖峭壁，一落千丈；再往下看，却是一道凝碧的易北河水，滔滔汩汩地向前流去，在阴晴不定的秋空下，看起来特别深远静穆，却又异常活跃。

把视线放平一点，面前的境界显得无限的宽阔秀美。在易北河对面，也是屏列的峰岭，岭后展开一片平畴，接着远处错落的丛山，竞显着玲珑透剔、各自不同的丰姿，更远处是眉黛般浅浅的山痕，连绵起伏，上接云天。山那边已经是捷克斯洛伐克的国境了。

沿河两岸，错列的丛树、屋宇，临河的车站和轮渡，历历可数地出现在眼底，看去却又像和真实隔着一层，只有在画里和梦里，才有那样悠然物外的恬美景色。空气宁静极了，只不时有几声鸡鸣，从山下隐约传来。要不是隔岸正蠕蠕地驶过一列玩具般的电气火车，我几乎忘记了这奔流一样的时代。

喝过咖啡，我们开始游山。

从小街的一端，转过几重向下延伸的台阶，环境突然一变：我纵目四顾，已经身在万山重叠的中间。——到此我总算进一步体会到了小街的妙处：它的作用恰像是我们老式房子门口的屏风，使这诱人的山水更显得逸趣横生，掩映多姿！

勃斯泰依山的好处更在于层次多，曲折多。在无数奇灵骇怪的峰嶂当中，凌空修起栈道，架上飞桥，和崖壁间依势筑成的鸟道连在一起，盘旋，上下，迂回，幽深多变，而它所构成的整个气势，则宛然是一座缥缈的仙山。依着那谜一般的山径曲曲走走，眼前的风光也步步不同：时而登临绝壁，时而面对深谷，时而傍近幽涧，时而豁然开朗，看得见四山环抱中的河流、田亩、果园，和山谷中的露天剧场。——据说在夏季，那里经常有为休养者观赏的演出。

我们到勃斯泰依那天是星期日，虽然山中已颇有寒意，游客依然不少。在一座栈桥上，还看见了两位年轻的爬山运动员，缘着一处峥嵘峻峭的山岩，攀援而上，直达顶巅。动作的惊险，使旁观者胆颤心惊。德国人民反抗纳粹统治的年代，萨克森瑞士的崇山峻岭之间，就曾有许多工人运动员，爬过飞鸟难渡的绝壁，经常秘密集会，策划斗争，并和捷克斯洛伐克的反法西斯组织互通声息，把共同的战斗联结在一起。江山如画，史迹犹新，更使人流连忘返。

十天以后，我乘国际列车从柏林去布拉格，又一次经过勃斯泰依。这一回我虽然只能隔着易北河遥遥相望，但它的雄奇的山色，却依然是那样的吸引人，那样的教人萦系心曲！

在餐厅进餐，勃斯泰依独有的一味鲜鱼，腴美可口，也是一次难忘的享受。

一九五八年

岛

在港口码头边，每天交通船进港出港的时候，人们就会看见：岛上瘦小的老邮工准时来到，向船上接送邮件；不管阴晴风雨，就像潮涨潮落一样守信。

这是个不丁点的小岛，地处福建前沿的东海中间。四围黛绿的峻峭山岩，山下橙黄的海滩和雪白的浪花，替它滚了一道金银双镶的花边。岛上紧簇簇的三个小村庄，一列是浓荫覆盖，不是长须垂地的老榕树，就是枝叶娟秀的相思林。龙舌兰的锯齿形叶子，剑簇一般，丛生在水尾山腰，垅头路脚。田亩整齐如绣，一方一方的盐田，有如闪亮的镜面。要是从飞机上望下去，会使人产生一种错觉：这一碧万顷中的弹丸小岛，也许是谁精心设计出来的一个盆景。

在无边无岸的人海里，老邮工也像个小岛。因为他无亲无故，只是孑然一身。他当了三十多年的绿衣人，天天给人送信，早就送白了少年头，却从没有人写过一封信给他，他也从没有机会给人写信。可是他不在乎，不知道从什么时候起，他不知不觉爱上了自己干的这一行。

他来到岛上，还不过一年光景。岛上有个邮电所，全所员工，共有两名之多。他是所长，分工接送邮件，拣信和投递。另一个邮务员，是个少不更事的渔家女儿，不久前才在识字班里毕业，她管的是营业和账务。他们在一起的光景，活像是老鸡带着鸡雏。那个邮电所，也真小得像鸡笼。

不消三个月，岛上所有的人，不管男女老少，就都熟识了这个和气的老邮工。老邮工也把岛上的人事摸得一清二楚：谁家的子弟参军在外，谁家的女儿在大陆上做工，谁家的兄弟姊妹进了大学，谁家亲戚是南洋的华侨，谁家姑娘的未婚夫是省城的干部……他天天从前村到后村，从东家到西家，挨门挨户地传书递简，偶尔有个小邮包，一笔小小的汇款。他看惯了人们收到信件时满足的表情，深深体会这些小东西在感情上的价值。他有时真喜欢自己的职业，因为他能用自己的双手，给人心里添上温暖和喜悦。

他分享人们的快乐，也分担人们的烦恼。信使人得到安慰，也难免带来失望。老邮工凭他多年的经验，能够在当时或事后，从受信人的神态中感觉出来。谁家许久没有收到信了，他和当事人同样焦急。老母亲倚门倚闾，年轻姑娘守候在路边，用期待和羞怯的眼色望着他的时候，他知道她们盼望的是什么。前村有一位俊俏的大嫂，他从没有给她送过信，也像是个六亲无靠的。她手脚利落，爱说爱笑，只是老邮工每次送信走过，总能从她脸上看出一闪的阴影。老邮工听人说过她的隐痛：还是在岛上解放的前一晚，蒋家残部仓皇逃窜，连人带船掳走了她的丈夫，至今渺无下落。他真想有一天会送给她一封报道平安的书信。

可是他不喜欢这个小岛。它太偏僻了，遇见坏天气，交通船常常停航，耽误邮件来往。在码头上望着那泼天盖地的风浪，他平常很少叹气，这时也禁不住皱眉。

岛上还有个特点：它是和平环境，又是战争环境。原来这个岛虽小，却正好在金门对面，一衣带水，相隔咫尺，因此岛上不断受着对方的骚扰。这年夏末，美帝国主义亲自出马，陈兵台湾海峡，肆无忌惮地向我国挑衅。为了迎接煞神进宅，福建沿线的炮兵给金门下了一场几万发炮弹的暴雨。这小岛上的炮兵参加了战斗，对方也向我们还了手。

炮战连续了两个多月，那时又正当台风季节，炮声风声雨声，常常响成一片，给老邮工添了许多困难。作息时间表打乱了，只好白天黑夜的随时干。走在路上，时刻有吃弹片的危险。而投递信件，又老是上庙不见土地。年轻的都上了火线，老弱的不是躲在哪个隐蔽的角落坚持生产，就是蹲在防炮洞里避弹，送一封信，常要绕不少弯子。但什么事也影响不了老邮工的情绪，他照常一本正经，忙他手头川流不息的信件。他还争取参加了几回修工事、抬担架，经过部队首长和公社党委书记的劝告才歇手。

想不到，大炮打响不久，寄到岛上的信突然多起来，平常每天不满二百封，一个月里竟涨到十几倍。五花八门的信封，远近不同的发寄地点，受信人却非常集中：除了大量部队的信，很多是寄给几个年轻姑娘和小伙子的。老邮工的老经验报废了，他猜不透这究竟是怎么回事。奇怪的是，那从来没有书信来往的大嫂子，也凭空有了许多信。老邮工高高兴兴地给她送去，看着她满脸惊奇、不知所措的样子，更是一肚子的纳闷。

打开这谜底的是个陌生人，外地来的，干部模样。他到邮电所发信，同老邮工闲扯起来，七搭八搭，问东问西。老邮工拣知道的回答了，最多的答语是“对”和“不”。间或老老实实插一句：“我文化低，说不上来。”倒是从那干部口里，他听到了远在天边、近在眼前的大新闻。岛上原有个歌谣，描写本地风光的，道是：“军帮民，民帮军，鱼水相帮结同心。男不分，女不分，全民皆兵打敌人。”老邮工知道，许多战士和民兵，都在炮战中立了功，那个丢失了男人的俊俏娘们，就参加了女炮班，成为勇敢的女炮手。却不道这一阵钉对钉、眼对眼、紧打在美帝国主义头上的炮声，不但全国都听见了，还震动了世界。这个小岛出了名，岛上不少战士、民兵登上英雄榜，成了全国皆知的人物。老邮工这才如梦方醒，知道自己经手成堆成捆送出去的，原来是各地群众的慰问信。

老邮工兴奋极了。进岛的邮包越来越大,他也越忙越起劲。望着小山丘似的信堆,心里老是暖堂堂的。他知道这不是平常的信,比海誓山盟的情书珍贵,比万金难买的家书重要。

有一次,炮战打得正猛,老邮工要到前沿给部队送信。邮务员苦苦劝阻,也没有把他劝住。他弯了腰,顺着交通壕走。眼前不见一个人影,耳边是连珠炮响,不少炮弹就在近处开花冒烟。这天本是晴天,弥漫的硝烟竟搅得日色无光。但交通壕开得有一人深,赭红色的土壁很坚实,顶上密密地种着碧绿的龙舌兰。老邮工一心赶路,觉得自己十分安全。

快到前沿,他爬出交通壕,朝山坡急奔,准备转入通向部队的坑道。只听得鬼啸般的一声唿哨,他知道炮弹已经落在近旁,赶紧仆倒在地,把信包压在身子底下。不防后面有个人,倏地伏在他身上,用肉身卫护着他。霎时间一声雷殛似的爆响,大地猛然哆嗦了一下,碎石泥块旋风般压下来。等他翻身坐起,只见一个小姑娘偎依在身边,替他掸掉头上的泥土,原来邮务员放心不下,一直悄悄跟在他后面。一个刚炸出来的大弹坑,就离他们不远,两个人的性命,只差一点点。老邮工怜惜地说:“这孩子,出来干什么!你看这多危险!”

经历了不少的惊险场面,好容易送完信回来,邮务员埋怨说:“所长,您怎么没有防炮常识?信包该挡在头上,也省得光着脑袋吃弹片。”老邮工心想:“把信炸飞了怎么办?”可是没有说出来。邮务员却像听到了,一下子红了脸,半晌没有开言。

过了一阵子,有一天,老邮工拣信,挑到其中的一封,忽然架起轻易不用的老花眼镜,仔细端详了好一会,然后递给邮务员,问道:“你看看,这是给谁的信?”邮务员一看,诧异说:“咦,这不是您的信!您自己的名姓倒不认识?”

老邮工发着愣。他识字不多,本人的姓名是认识的,但他不信这真是他的信。这怎么会呢?何况发信的地点是北京,在那儿他根本就没有一个沾亲带故的人。踌躇了半天，邮务员手快，抢过来代他拆了，信果然是他的。发信人是一群红领巾，称他为“敬爱的老公公”，向他致“崇高的敬礼”，说长大起来，保证要学习他热爱工作、热爱祖国、热爱人民的精神。小姑娘念着念着，感动得眼泪扑簌簌往下流，老邮工却还是将信将疑，觉得这种荣誉同自己连不起来。他喃喃自语：“怕还是弄错人了，北京的红领巾，怎么能知道我呢？”小姑娘想了想，笑道：“准是您的事情登了报。您不知道？上个月常来发信的那个干部，是北京报馆派来的记者。”老邮工忙不迭摇头，几乎把头颈摇断，说：“登报！一个小岛上的邮递员？别胡猜了！”

小姑娘没有猜错，记者在一篇通讯里提到了老邮工。紧接着，老邮工也成了岛上收信最多的人。来信的地域是那么宽，许多邮戳上的地名，他还是第一次接触；那么多不同身份、不同职业的发信人，他没有一个是相识的，可是心却跟他靠得这样近。这真是他做梦也想不到的事。

战神的凶焰被压下去以后，炮声暂时沉寂了，岛上又出现了和平恬静的气氛。老邮工出去送信的时候，只见一路营营扰扰，那些刚放下武器的战士和老百姓，有的在结渔网，有的在收庄稼，有的在整理果园，有的在修补叫炮火打坏了的房屋。遣散到大陆上去的儿童又送回来了，刚在港口码头上岸，叽叽喳喳，闹作一团……

老邮工收到的信已经积成一大堆。他不会写回信，一封信也没有回，他知道更加勤勤恳恳地工作，就是他最好的答复。他把信用一方花布整整齐齐地包起来，放在枕头边。在他看来，这无疑是他平凡的职业带给他的、人世间最好的酬谢了。

一九六〇年

阿波罗降临人世①

春夏秋冬

大自然孜孜不倦,周而复始地劳动:春天萌芽发花,夏天茁壮成长,秋天是黄金的收获季节,到了冬天,大地在洁白的霜雪覆盖下安眠,休沐养息,准备重新工作。四季更迭,各司其事,各有特点、色彩和丰姿。古往今来,多少著名的绘画诗篇提供了例证。但人们还是普遍地喜欢春天,厌恶冬天,因为春天不仅带来鲜花和夜莺的歌唱,而且英姿勃发,孕育着希望。而冬天却给人以严冷肃杀的感觉。

在三十年代,当中国处于法西斯统治下的严寒岁月里,许多文章中反复援引英国浪漫诗人雪莱的诗句:“如果冬天已经来了,春天还会远吗?”读者和作者莫逆于心,都知道这是什么意思。那是打哑谜的时代,属于过去的事了。在解放了的新中国,不幸再次经历了一场噩梦。法西斯的幽灵披着迷人的甲胄重登舞台,淋漓尽致地表演了一番。希腊、罗马神话里有个故事:司农之神赛丽斯的女儿卜塞芳是司草木的神,被冷酷无情的死亡之神普鲁托所劫持。赛丽斯悲伤地到处寻访,误了农事,弄得下界田园荒芜,颗粒无收。后来她终于找到了女儿,得到万神之王朱匹特的允许,卜塞芳在一年之中,有六个月可以和母亲同住。

① 阿波罗,希腊、罗马神话中的太阳神、光明之神和文艺保护神。

当她回到大地的时候，人世风和日丽，花木争荣：这就是春天。在我们的现实生活里，林彪、“四人帮”是当代的死亡之神，他们的暴戾专横胜于普鲁托，他们的倒行逆施，几乎把天下苍生推进毁灭的深渊。但他们毕竟受到了应有的惩罚，春天终于回到了大地。

在邈漫起伏、鱼龙曼衍的历史进程中，社会规律同自然规律一样，也有自己的季节和顺序。新生命不断萌发、茁长、成熟，旧事物不断衰老、腐朽、死亡，社会就在新陈代谢中生生不息地前进。不同的是政治上的季候更新，不是出于自然的星移物换，而是人事、世代、新旧势力斗争的结果。

一年多来，人们摆脱天寒地冻的威胁，看到了花团锦簇的气象。党中央的战略决策，转瞬间繁枝满树，蓓蕾满枝。突出的迹象是人们普遍感到冰消雪融，阳光普照，心里暖和了。——一九五七年夏季，毛主席给我们描绘过一幅富有魅力的马克思主义政治蓝图，那就是“又有集中又有民主，又有纪律又有自由，又有统一意志，又有个人心情舒畅、生动活泼，那样一种政治局面”。从那时以来，已经跨越了二十度春秋，经历了多次疾风暴雨、惊雷闪电，这种局面却始终没有实现。现在春云乍展，旌旗风动，人们毕竟在翘首仰望中盼到了它姗姗而来的身影。——阿波罗降临人世，春天真正来了！

火与血的年代

在绵延不断的人类史中，争民主自由历来是重要的斗争。在新中国酷寒的年代，却根本不许人民谈论民主，林彪、“四人帮”判定民主自由是资产阶级的反动货色，他们得意忘形的口号是：“大民主不给！小民主不给！小小民主也不给！”为了给打倒老干部制造理论根据，还发明了“老干部就是民主派，民主派就是走资派”的政治化学公式。但是共产主义的史实表明，征途中一个重要的历史任务和战略部署，就是领导无产阶级和劳动人民争民主的斗争。为了革命的胜利，这种斗争是必不可少的。马克思政论文章的处女作《评普鲁士最近的书报检查令》，就是为争取出版自由而发的第一枪。巴黎工人一八四八年六月起义失败以后，转而全力投入争取民主权利的斗争。一九〇五年俄国无产阶级领导的民主革命，列宁称之为十月革命“总演习”的，在沙皇镇压请愿群众的“流血星期日”之后，彼得堡工人的战斗口号是：“不自由，无宁死！”号召全国人民起来打倒沙皇专制制度。被林彪、“四人帮”作践得声名狼藉的三十年代，正是争取民主自由的火红年代。

三十年代启幕，已经是第二次世界大战前夕。以一九二九年华尔街股票暴跌的混乱场面为朕兆，经济危机的台风席卷欧美，纸醉金迷的纽约、伦敦、巴黎、柏林、罗马、布鲁塞尔和阿姆斯特丹这些金融中心，显现出满目凄凉的景象。到了一九三三年，西方失业工人的队伍已经膨胀到三千万。矛盾尖锐到了顶点，随时可以燃起一场骚乱的大火。就在这样动荡不安的日子里，希特勒登上了德国总理的宝座。这个纳粹党魁的终生事业，就是无情地扼杀民主。他弹冠称庆不到一个月，在一九三三年二月二十七日，柏林国会大厦就发生了一场神秘的火灾。各国新闻记者麇集现场，希特勒随即赶到，当众宣布说：“这——是神的指示，现在我们来打击共产党人吧！”

信号弹发出了，紧接着是一连串旋风式的行动：发布紧急命令，停止宪法生效，解散群众组织，没收工会财产，封闭民主报刊。“人身不可侵犯”，“结社自由和出版自由”，“保障居住安全”的条文全部报废，通信、邮政、电话、电报的秘密一概取消。冲锋队和警察大批出动，穿街越巷，搜查住宅，恐怖活动全面展开，一夜之间所逮捕的共产党人和革命群众，就达到四千人的庞大数字。因为，据说这场火是共产党人放的，其目的是举行暴动，颠覆德国政府。但是，伦敦进步人士团体不久以后出版的“褐皮书”，用确凿的材料证明真正的纵火犯就是德国纳粹即法西斯党徒，而不露面的“梅菲斯托菲里斯”(《浮士德》中的魔鬼)就是希特勒和戈林。——这就是三十年代耸动国际视听的“国会纵火案”：以周密的布置阴谋屠杀德国工人及其先锋队的前奏曲，也是蓄意进攻社会主义苏联，谋求世界霸权的第一颗火星。后来斯大林在《论苏联伟大卫国战争》一文中指出：希特勒的纳粹党是世界上一切帝国主义者中最带掠夺性和强盗性的党，是民主自由之敌，和中世纪黑暗势力同其反动的黑帮。

国际工人运动卓越的活动家季米特洛夫被选中为纳粹党精心编排的戏剧主角，指控他是纵火犯，莫斯科委派到德国的间谍。他们满有信心地预期，这出戏的演出将向全世界证明自己是从布尔什维主义手中拯救欧洲的英雄，结果却反倒使季米特洛夫以伟大共产主义战士的形象而名垂青史。

季米特洛夫是保加利亚共产党人，曾两次被本国法庭缺席判决，带着死刑犯的印记流亡海外，献身于共产国际的活动。现在他又一次面对死神的威胁。他在纳粹监狱里受到重罪刑事犯一样的不人道待遇。他一再强烈抗议，同时带着手铐坚忍不拔地写信件、日记、笔记，摘录报纸和书籍中的有关材料，作战斗准备。纳粹党举行反工人阶级的煽动性“五一节庆祝大会”，游行队伍的喧嚣声和国社党的歌声传进监房，他在日记里写下了如下的誓言：

> 莫斯科——柏林——两个历史性对跖点！
>
> 而我却坐在“莫亚比特”监狱里——带着手铐！
>
> 倒霉、痛心极了！
>
> 但是丹东说过，“不要怯弱”！

“去吧，丹东，不要怯弱！”这是法国资产阶级革命家，山岳派领袖丹东走向断头台时向自己说的。季米特洛夫以无产阶级革命家无与伦比的气派重复了这句话。

斗争高潮是在纳粹德国最高法院第四刑庭展开的，法院在莱比锡，“莱比锡审判”因此成了现代历史上一次最绚烂的国际政治博览会。季米特洛夫受审时，以被告和辩护人的双重身份，从容回击审判官、检察官和官方辩护士的狂妄挑衅。他在被告席上随心所欲地移动扩音器，说话时而向着法官，时而转向旁听席，时而面对外国新闻记者，滔滔不绝地发表爆炸性的政治演说。他的机智和大无畏精神，给纳粹德国带来一次非所逆料的大地震。纳粹御用记者用错愕的笔调记载这次审讯，《莱比锡新闻报》暴跳如雷：“听了季米特洛夫最初几句话以后，就感觉到这个人连这种巨大的审判都吸入他那纯政治性的生活中去了。他立刻就打算把法庭强变为舞台。”它说无论如何，已经证明季米特洛夫是一个精神上惊人的纵火犯。它惊慌失措地叫嚷：“文明世界必须铲除第三国际这一计划的化身，如果文明世界不愿为无穷无尽的血腥的夜所吞噬的话。”“莱比锡审判”立刻像电波一般震荡着全世界，激起了“释放季米特洛夫”的愤怒的回声。审讯的形势清楚地表明了压迫者的惨败和反抗者的胜利。三次开庭以后，纳粹法庭最后不得不对季米特洛夫宣布无罪释放。

第二次世界大战以后，德国人民把最高法院的旧址改成了季米特洛夫博物馆，我曾经参观过这座历史性建筑物。高大阴森的法庭依然如故：审判台上庄严的马蹄桌、高背椅，台下两侧用齐腰的栏杆围起来的证人席，还有新闻记者的包厢式小楼，局促一隅的被告席——就是季米特洛夫巨人一般站着受审的地方。纪念馆里还保留了一件珍贵的纪念品：季米特洛夫受审时的录音带。我幸运地听到了这个敻绝千古的声音，在高大空洞的审讯大厅里回荡震响。——

我承认我的语调是激烈而尖锐的。我的斗争和我的生平也是激烈而尖锐的。但是我的语调是诚实坦白的。我有说实话的习惯……

我是在保卫我自己，一个被控的共产党员。

我是在保卫自己共产主义革命者的荣誉。

我是在保卫我的理想，我的共产主义信仰。

特别动人的是季米特洛夫的结束语：

十七世纪科学物理学的奠基者伽利略曾经受宗教裁判所的审判，宗教裁判所认为他是一个异教徒，要判他死刑，而他却满怀信心和决心地叫道：

"地球仍然在转动！"

这个科学原理后来成了全人类的财富。

我们共产党人现在能够和老伽利略一样坚定地说：

"它仍然在转动！"

历史的车轮在转动……无论是用恐怖手段、判苦役或者死刑，都不能把它拉住。它现在和将来都在转动，直到共产主义的彻底胜利！

季米特洛夫的声音永远在人们耳边响，希特勒却早已成了尘土。一九五六年秋天，我曾在柏林菩提树下街的勃兰登堡门附近，看到国会大厦焦黑的残躯。它不是被季米特洛夫烧毁的，是在希特勒发动的第二次世界大战中毁掉的。这是一个玩火自焚的鲜活例证。隔了一年，我又在索非亚九九广场的季米特洛夫陵墓中，瞻仰了这位大人物的遗容。二十年过去了，现在我却又想起他在莱比锡的几句话："保加利亚民族曾经坚决地全力地反抗外国的压迫，所以我要抗议对保加利亚民族的攻击。我没有耻于做保加利亚人的理由。我因为自己是保加利亚工人阶级之子而自豪。"保加利亚人民当然不会忘记他们的革命导师、民族自由缔造者的遗言。

三十年代的法西斯乌云，同样笼罩着亚洲的天空。“四人帮”的祖师爷蒋介石就是中国的希特勒。他们同样的凶残狠毒，野心勃勃，不惜把全世界推进火海与血泊。这是一对不同肤色的难兄难弟，但蒋介石却对希特勒顶礼膜拜，奉若神明，亦步亦趋地跟在后面。前者有“褐衫队”，后者有“蓝衣社”。前者有“党卫军”，后者有“铁卫队”。蒋介石的麾下就有四五十名德国顾问，其级别从上尉、校官、将官，直至元帅。绞杀民主自由的手段，蒋介石青出于蓝。二者只有一点大不相同：希特勒并不以纯粹德国的元首为餍足，他醉心的是当世界霸主，发人深省的是他的亡灵现在竟附到了当代某些政治集团身上；而蒋介石这个独夫，虽然摆足了八面威风，却不过是帝国主义在华利益的一名熟练“做手”。——这是上海投机商对交易所经纪人的匿称，蒋介石对这一行是训练有素的。

蒋介石向革命开刀，始于一九二七年“四·一二”政变。他一旦在南京站稳脚跟，就对共产党人、工农群众、进步人士和知识分子放手屠杀，并向以井冈山为中心的革命根据地大举进攻，实行举世闻名的五次反革命“围剿”。一个极不完全的统计数字表明，在一九三二年以前，至少有一百万人成为这个屠夫手下的牺牲品。一场空前的灾难降临中国大地：绵延不断的军阀混战、饥饿、瘟疫、天灾——一九三〇年西北发生罕见的大旱灾，使八省五千万人民饥寒交迫，流离失所；一九三一年长江流域的大水灾，陷十六省于泽国，七千灾民在大水里呻吟。（影片《狂流》中记录了这种悲惨场景的片段。）中国被蒋介石推到了毁灭的边缘，而他除了消灭共产主义的“神圣”理想以外，对什么都不感兴趣。

上海租界并不是国民党反动统治的真空，但不失为一个可以利用的隙缝。在严重的白色恐怖中，左翼文化运动依然在萌

1986年柯灵与夏衍在第四届全国文代会上

柯灵（前排左三）与巴金等欢迎日本笔会代表团

发，就像磐石底下钻出来的野草。它是幼稚的，但有强大的生命力。许多使统治者感到头痛的“非法”团体出现了：自由大同盟，中国左翼作家联盟，左翼戏剧家、美术家、社会科学家的联盟，中国左翼文化总同盟，还有中国民权保障同盟。它们的工作是写作、绘画和演戏，最厉害的武器也不过是开会和发宣言。而这就像吹皱一池春水，不能不发生社会影响。古人有两句诗：“别人怀宝剑，我有笔如刀。”笔杆子是可以用于战斗的。但蒋介石有一把解决问题的万能钥匙——杀戮！于是五位左翼作家（柔石、李伟森、胡也频、殷夫、冯铿）和一批共产党员同时失踪了。他们是被租界里的巡捕房逮捕的，迅速移解到了上海南郊的国民党龙华司令部。威胁、利诱、毒刑逼供全部失灵，最后是在深夜里枪决，有的是惨无人道的活埋，死难者共二十三人。所有这一切，都是秘密进行的。上海解放以后，在龙华司令部的荒场里发掘了他们的遗骸，这些令人肃然起敬的累累白骨，腕骨上还戴着红锈斑剥的手铐。不久以前，我还去凭吊了这个刑场，现在已经是一个工厂的场地了。在那些暗无天日的年月里，上海的龙华和南京的雨花台，都是令人谈虎色变的地方，龙华绚烂的桃花，雨花台美丽的石子，都是用革命烈士的鲜血染成的。

我不禁又想起季米特洛夫受审时的一句问话：“庭长先生，哪个国家的法西斯不是残忍和野蛮的呢？”资产阶级骗人的民主制度不过是玻璃柜窗里的装饰品，但无产阶级和革命人民决不要因此弃之如敝屣。如果没有莱比锡的公开审判，就不会有季米特洛夫的金石之声长留天地。“国会纵火案”的起讫时间，从法庭侦查、起诉、审讯到判决的全部法律过程，花了将近一年，最后以季米特洛夫重获自由告终。而上海二十三烈士，从被捕到就义，经过的全部时间只有二十天，而且他们悄无声息地失去自由和生命，根本没有辩护和申诉的机会。他们只有在敌人枪口发火前喊出来的两句口号：“打倒国民党！”“中国共产党万岁！”

透过黑夜的寒风，留给英勇的后继者。当然，这是人间的最强音，足以使最顽固的敌人丧胆的。

在抗日战争时期，解放战争时期，革命人民也从来没有停止向国民党反动派争民主的血肉斗争，直至党领导全国人民取得革命胜利，在半封建半殖民地的废墟上建立起人民民主专政。

革命胜利以后，也还存在着争党内民主和人民民主的斗争。“在我们国家，如果不充分发扬人民民主和党内民主，不充分实行无产阶级的民主制，就不可能有真正的无产阶级的集中制。没有高度的民主，不可能有高度的集中，而没有高度的集中，就不可能建立社会主义经济。”并且“无产阶级专政就会转化为资产阶级专政，而且会是反动的、法西斯式的专政”。这是毛主席在一九六二年说的。言犹在耳，林彪、“四人帮”就粉墨登场，现身说法，作了一次彩排。他们的法西斯统治手段，同希特勒、蒋介石的作风是何等神似！对革命人民来说，这是怵目惊心的历史教训。

壮丽的日出

资产阶级历史学家常常发“思古之幽情”，神往于古希腊、罗马文化艺术的昌盛，政治制度的开明。事实并非完全如此。达尔文证明，几十万年以前，我们的远祖浑身是毛，下腭有须，成群结队地住在树上，跟猴子差不多。人类从洪荒时代进入文明，推动历史车轮一步一步前进，过程艰苦而漫长。历史有时会出现反复，出现曲折，但总的方向是向前走的。空想社会主义者圣西门曾以丰富的材料和坚强的论据，阐明历史步伐的规律性：奴隶社会比原始社会进步，中世纪的封建社会比古希腊、罗马进步，资本主义社会又比封建社会进步。圣西门、傅立叶、欧文等人，都看出了资本主义的腐朽性，殚心竭智，设计一个更为进步的社会主义社会——可惜是空想的琉璃世界。直到马克思主义问世，无产阶级从自在的阶级变为自为的阶级，人类才在黑暗的长夜中看到曙光。世界上第一个社会主义国家的缔造者列宁，才能完全有把握地、自豪地宣称："我们以前并没有黄金时代！"（《土地问题理论》上卷）

无产阶级专政之所以能够在历史领域中一飞冲天，依靠的是坚强的两翼：一翼是对阶级敌人的无情专政（对外防御社会帝国主义和帝国主义的侵略）；一翼是给人民以充分的民主权利。——只有充满自信心、坚强有力、大公无私的先进阶级，才能做到这一点。两翼中缺少一翼，无产阶级专政就成为畸形的。林彪、"四人帮"从各个方面对无产阶级专政放火烧荒，把敌我界限、路线是非搅得颠倒错乱。他们把《湖南农民运动考察报告》中农民对付土豪劣绅的手段，用以对待当年领导农民运动的革命前辈，将《红楼梦》里"惑奸谗抄检大观园"、"锦衣卫查抄宁国府"的故事——连封建统治阶级也轻易不用的刑法，普遍施之于广大干部、知识分子和普通群众。在某些方面，他们比起希特勒、蒋介石来，也是有过之而无不及。这次罕见的历史大倒退，证实了到底什么人是无产阶级专政的死敌。

在人民内部，必须有高度的集中，充分的民主；严肃的纪律，广泛的自由，才能达到集体与个人的和谐，理想与现实的和谐，理性与感情的和谐；达到党和人民心心相印，融洽无间的一致。这就是力量的源泉。希腊神话中的英雄安泰，是海神波赛东和地神盖娅的儿子。安泰力大无穷，英勇无匹。他深爱他的母亲盖娅，因为他是由她生育、抚养成人的。当他在战斗中不能克敌制胜时，往地上一靠，母亲就会给他新的力量。他致命的弱点就是怕敌人使他离开地面。海格里斯看出了安泰的弱点，角斗时乘其不备，突然把他凌空举起，终于扼死了他。《联共（布）党史》把布尔什维克和安泰相比，认为布尔什维克只要不脱离自己的母亲,“同那生育、抚养和教导他们成人的群众保持联系”,就能始终保持不可战胜的地位。党中央团结全党全军和全国人民,一枪不发,滴血不流,一举粉碎了“四人帮”,并在短短一年多时间里,为安定团结的政治局面奠定了基础。这就鲜明地标志着:我们的党更加成熟,无产阶级专政走上了一个新的历史阶段。

大诗人歌德在人类文化宝库中占有很重的份量。他勤奋终生,“昂首前进”,直至八十二岁的高龄。他身历了祖国的封建割据和反动统治,为了争夺中欧霸权而波及欧亚美三洲的七年战争,美国《独立宣言》(马克思称之为“第一个人权宣言”)的发表和独立战争的胜利,法国资产阶级革命的勃兴,拿破仑横扫欧洲的侵略战争,对德国领土的占领,直至滑铁卢一败涂地,流放荒凉的圣赫勒拿岛而结束其一生。歌德不但是诗人,而且对自然科学浸淫甚深。他所处的时代,也正好是英国工业革命发荣滋长,近代科学开始以自己泼辣的生命力吸引世人广泛兴趣的时代。伟大的时代哺育伟大的诗人。歌德在晚年时说:在他生活的时代里,世界上每天发生伟大事变,贯穿他的生平,这对他有莫大的教益;他由此达到的见解和结论,同后人从书本上去了解自己未曾经历的事变相比,是完全不同的。歌德的同时代人,德国古典哲学的主要代表、唯心主义者黑格尔,当法国资产阶级革命爆发时,他还是福音神学高等学校的学生,巴黎革命群众攻下巴士底狱的消息传来,他在城外草地上特地栽了一棵自由树,表示纪念。后来他在《历史哲学》一书中,还对法国革命热烈歌颂:“这是一次壮丽的日出。一切能思维的生物都欢庆这个时代的来临。”但这毕竟是前一世纪的声音了,在二十世纪锋芒毕露的罗曼·罗兰,便向世界发出了另一种完全不同的声音。第一次世界大战期间,罗曼·罗兰甘冒天下之大不韪,背着“叛国”的恶名,大声疾呼,反对帝国主义混战。十月革命宣告胜利的时候,在西方普遍的咒骂声中,他欢呼人类救星降世,向他的祖国法兰西呼吁“望着东方”，因为东方将“升起未来的太阳”。到了晚年，他更斩钉截铁地表示决心：“跟随着马克思，雄壮地将真实的人从抽象的生命中解放出来。”

谁若不会从三千年
给一个清楚的结算，
就在阴暗中永无经验，
纵使活过一天又一天。

这是一百五十年前歌德的诗。他还有一首诗里说到：“一个钟头有六十分钟，一天就超过了一千。……要知道这个道理，人能够有多少贡献。”生长在我们这一代的人，比过去那些伟大人物都更幸运。因为我们经历的世界上的事变，比他们所经历的更加动人心魄，雄伟无比。马列主义的锐利武器，使我们有可能对人类浩瀚的过去作出更“清楚的结算”，对未来作出更切实的贡献。从现在到二十一世纪揭幕，还有将近二十二年多的宝贵光阴，如果按每天一千分钟计算，那么还有将近八百几十万分钟的时间供我们驱驰奔放。“黄金论顷刻，白水逝须臾”，让我们辛勤奋发，在四个现代化的大道上衔枚疾进，来迎接黑格尔难于想象的另一种壮丽的日出吧！

一九七八年二月三日

怀傅雷

当我们处身于天朗气清的世界，为祖国前途、个人命运额手称庆之际，很容易想起那些风雨如磐的日子，曾经同舟共难的朋友。在林彪、“四人帮”造成的大灾难中，无数人受尽残害，有的不幸丧失了宝贵的生命。几个月来，连续参加了好几位同志的追悼会和骨灰安放仪式，我除了深深祝愿死者安息以外，还另有一些亡友的影子常常萦绕心际，其中之一是傅雷。

今年春天，傅雷遗译巴尔扎克的《幻灭》出版了，接着又重印了《高老头》和《欧也妮·葛朗台》。这是无言的昭雪，为已逝者恢复名誉的又一方式。这些书问世时，书店门口出现了排队抢购的长龙，表明这位卓有贡献的翻译家一直活在读者心里，对一个作家来说，这是群众自发的最好的追悼仪式。①《幻灭》等书出版后，傅敏从北京寄给了我，他的信里说：“如果父亲在世，他一定会亲自送给您的。现在却只好由我来代送了。想到这一点，我再也禁不住热泪盈眶。”到了我这样的年龄，泪泉已不是那么丰盈了，但在这样的时刻，我也禁不住老眼昏花，泫然欲涕。

傅雷以他勤奋的一生，从青年时代——三十年代初期开始，一共翻译了三十三部外国文艺名著。——主要是把法国的重要

① 后来于1979年4月26日，中国作家协会上海分会和上海市出版局为傅雷同志平反昭雪，开了追悼会。

作家伏尔泰、巴尔扎克、梅里美、丹纳、罗曼·罗兰的重要作品介绍给了中国读者。其中有巴尔扎克的小说十四部,罗曼·罗兰的长篇小说《约翰·克里斯朵夫》和关于弥盖朗琪罗、贝多芬、托尔斯泰的传记。希腊神话中说普罗米修斯向天上窃取火种,传给人世,因此触怒大神宙斯,身受严惩而坚强不屈。鲁迅先生以此为喻,论证翻译工作的重要。他指的是在暗夜中引进马克思主义的火种。这是第一位的工作。但向世界打开窗户,流通空气,扩大视野,以自救于窒息与孤陋,任何时候都不应低估其重大的意义。无产阶级文化必须注重借鉴与批判吸收,以壮大自己,这是毛泽东同志一再指明了的。近百年中,我们经历过两次"闭关锁国"的蒙昧时代:一次是清末,其目的在于延长僵尸的存在,使之免于早日风化;一次就是最近的十年,其目的在于使人民闭目塞听,便于他们摸黑篡党夺权。这种惊心怵目的教训,对我们是一面很好的镜子。

《幻灭》是傅雷最后一部译品。他着手传译以前,曾要我帮他搜集一些旧上海小报界的行话与口语。读了《幻灭》,才清楚了解他当时的意图,因为《幻灭》中的部分情节,就是十九世纪巴黎小报界的花花絮絮。傅雷译书的惯例,首先是再四精读原作,吃透原作的精神和全部细节。不理解的地方,查书,找内行研究,写信向国外专家求教。准备成熟,才开始落笔。初稿译成,至少再大改两次,然后誊清付排。亲自看校样,边校边改,直至清样,还有改动。译文要求做到既符合原著风格,又有精纯透明的民族气派。他曾说过:"译书的标准应当是这样:假设原作者是精通中国文字的,译本就是他使用中文完成的创作。"这个话大概可以概括他对翻译工作的全部主张。细心的读者,都会在傅雷的译品中体味到他斑斑的心血,用不着我从旁喋喋。我这里想说的只是一句话:就傅雷工作的认真、严肃、负责这一点来说,真值得大家为他虔诚地唱一支赞歌。

过分的认真，在傅雷的性格里构成一种强烈的色彩，那就是耿直。而因此带来的缺点则是执拗。长期的书斋生活又使他相当严重地脱离实际，对政治问题和社会问题上的某些看法，自以为中正，其实却难免偏颇。他身材颀长，神情又很严肃，给人的印象仿佛是一只昂首天外的仙鹤，从不低头看一眼脚下的泥淖。

作为可与倾谈的朋友，我和傅雷交游三十余年。但彼此的观点不尽一致，其间还曾发生过剧烈的争执。四十年代初，我和傅雷开始交往，冷不防就爆发了一场不大不小的冲突。那时我们祖国正处于艰苦的抗战年代，上海已经沦陷，用傅雷的话说，那是“一个低气压的时代，水土特别不相宜的地方”。他化名迅雨，给《万象》写了一篇洋洋洒洒的论文，评介张爱玲的小说。其时张爱玲在文坛上初露头角，傅雷大力揄扬，也严格指责了她的缺点。文中有一段话，涉及他和我都很尊敬的一位前辈作家。傅雷在法国专攻的学科之一是艺术批评，这篇文章的重点就在于探讨文学创作的艺术技巧，并评隲“五四”以来文风的得失。这类问题，本来完全可以各抒己见，相互切磋。但一则我以为他的意见未必允当，再则这位前辈远在重庆，而我又一向主张，在沦陷区的刊物上，为避免敌伪利用，不宜随便议论身处前线的战友，哪怕这种议论无伤大雅也罢。鉴于傅雷的倔劲相当出名，我采取先斩后奏的权宜措施，发表时把这一段文字删掉了。这惹得傅雷非常生气，提出要我在报刊上更正，向他公开道歉。但我通过朋友向他作了恳切的解释，也就取得了谅解。我后来发现，他尽管很固执，但骨子里是通情达理的。与人交，如果感到气味不投，绝不稍假辞色，否则就总是以宽厚待人，既坚持原则，又十分旷达。五十年代中期，由于对某些问题看法有分歧，我和他两次当面争论，争得不可开交，以致他的夫人梅馥在旁边坐立不安。但争论是从善意出发的，不含有任何渣滓，因此不但没有产生隔阂，反而增加了彼此间的了解。因为直来直往的争执正是推心置腹的表现，而虚与委蛇必然成为友谊的障碍。傅雷对中西文学、音乐、美术都有很深的素养，我对他的学问和为人怀有真诚的钦佩。但现在分析，我当时对他一定有些潜在的政治优越感，否则完全可以用心平气和来代替面红耳赤，何况他当时正处在拂逆的困境。进一步看，我的观点基本上也是书生之见，并不比他更切合实际一些。每想到这一点，我就感到由衷的悔愧，遗憾的是我再也无法向他谢罪了。

抗日战争刚胜利，蒋介石就彻底暴露了狰狞面目。傅雷对国民党的反动政策极端不满。一九四五年十二月一日，昆明发生了国民党军队屠杀学生，镇压民主运动的大血案。但在当局严密的新闻封锁下，全国人民都处在迷离惝恍的状态中。《周报》发表了"昆明血案实录"，才把黑暗的帷幕揭开。"实录"叙述了事件发生的经过，刊载了昆明全市大中学校罢课委员会的全部油印宣言，教授们的呼吁书，还发表了殉难者的照片，题为《血的控诉》。封锁线突破了，这期《周报》激起社会强烈的反应，连续再版了两次。而这场战斗的弹药，就是傅雷提供的。他正巧有朋友从昆明坐飞机到上海，带来了这些材料，立即全部交给了《周报》。对"一二·一"惨案的抗议，轰轰烈烈，很快形成了民主斗争的高潮。

解放以后，傅雷照旧闭门译书，足不出户。党出于对他的爱护，动员他走出书斋，接触一下生活，安排他参加了一些宣传部门的全国性重要会议，还选他当了上海市政协委员。他一面埋怨浪费了时间，耽误了工作，一面还是积极地参加社会活动。他的眼睛一向在云端里，对许多事情要求严格，心直口快，勇于提意见，而这些意见，当然难免瑕瑜互见。在"反右斗争"的风暴中，他被卷进去了。他认真地学习毛主席著作，写了大量的笔记，严肃地，而且带着痛苦的心情检查自己的问题。但是几次检查都没有通过。他思想不通，对有些过火的批判非常反感。①于是他向领导声称：如果他有罪行，愿意接受惩处，但以后不再出席会议了。这就把事情弄成了一锅夹生饭。这是一九五七年夏季的事。他不了解，党仍然是爱护他的。到了一九五八年春天，我正在西湖改编夏衍同志原著的《秋瑾传》电影剧本，一位在上海主管文艺的同志把我召回上海，给了我一个任务：以朋友身份劝说傅雷，正视自己的缺点错误，实事求是地作一次自我批评，以结束这一重公案。我好不容易说动了傅雷，并对他的书面检查提了意见，然后再度去了杭州。不久接到傅雷一封短信，说开会的结果，他被戴上了“右派”帽子。他强作达观，说处在这样的大风浪中，牺牲区区一个傅雷，算不了什么。我像猛然坠入冰窖，从头顶一直凉到脚心。特别使我难受的是，好像我有意把他诱进了陷阱。我在僻静的净寺一带蹀躞了大半天，想来想去，想不透怎么会发生这样一个大转折。因为从那位同志的谈话中，市委宣传部的意思很清楚，他们并不认为傅雷是“右派”，所以决心要把他保护过关。傅雷嫉恶如仇，热爱光明，热爱祖国，解放后是跟着党走的，熟悉他的人都看得见他的进步。我坚信党的英明，迟早会了解他。我当晚在灯下写了简短的复信，把我的信心告诉了他。

我回到上海，找到那位同志，探听对傅雷问题的处理，葫芦里卖的究竟是什么药。那位同志向来作风明快，此时却沉吟半晌，只说他也没有料到是这么个结果。我意识到他本人大概碰上了一些麻烦，不好多问。这很像是个谜，现在这个谜底揭晓了。冰冻三尺，非一日之寒，上海并不是在“文化大革命”中一觉醒来，突然成为“四人帮”篡党夺权的基地的。张春桥的鹅毛扇

---

① 当时姚文元已成为上海那个“毛主席的好学生”手里一根打人的棍子，对傅雷同志提了许多蛮横无理的意见。

子,早就在上海摇动。据现在揭露出来的材料,张春桥的反革命历史,当时并不是什么秘密。但是他受着上峰的保护,稳如泰山。"牺牲区区一个傅雷"的确不过是"牛刀小试"而已。那时上海文艺界出现许多怪现象,现在看来,决不是偶然的。

傅雷又回到了书斋,杜门谢客,但还是勤勤恳恳,一心一意译他的巴尔扎克。唯一的消遣是在小园子里种花。人民文学出版社愿意继续印行他翻译的书,但建议他另用一个笔名。他的回答是"不"。——要么还是署名傅雷,要么不印他的译本。出版社顺从了他。

一九五九年,建国十年大庆前夕,党给傅雷摘掉了"右派"帽子。事前有关部门把这个喜讯告诉他,并希望他有个认识错误的表态。他的回答还是"不",宁可戴着"右派"帽子也罢。后来接受了再四的劝告,才实事求是地表了态。

党是公正的。无产阶级政党自有伟岸恢宏的气度,并不计较傅雷过分的狷介与倔强。

傅雷回到他自己的天地以后,不再在社会上露面了。一度的活跃,成了他一生中绚烂的片段。心上的暗影抹掉了,他工作得加倍的勤奋。从一九五八年到"文化大革命"前夕,译了丹纳的《艺术哲学》,巴尔扎克的《赛查·皮罗多盛衰记》、《搅水女人》、《都尔的本堂神父》、《比哀兰德》、《幻灭》,重新修改了《高老头》。这一张书单就证明他付出了多少辛勤的劳动。

"文化大革命"!这把火一点燃,一切妖魔鬼怪就在刺眼的光影掩护下开始阴谋活动。一九六六年九月三日黄昏,我被投进了监狱。当我被送进一间屋子以后,就听见背后关门上锁,传来刺耳的铁器撞击声,我的心立刻紧缩起来。一个人只要听过这种声音,终生就再也不会忘记。我在抗日战争时期,已经在日本宪兵队里听过两次。在解放战争时期,本来还要在国民党特务的监狱里再听一次,幸而我事先避开,逃掉了。——现在我才知道并没有逃掉,“四人帮”终于代蒋介石给我补了课。活生生的事实证明:这帮人所干的,正是蒋介石想干而干不了的事。

大约过了两个月,我在狱中读报,有一条消息说:上海江苏路地段“运动搞得很出色”。这种特定的语言表示,那里的过火行为特别突出。而傅雷正住在那个地区。我忧心忡忡,不知道像他这样的性格,怎么应付得了这种出乎常情的局面。后来我才知道,这种担心是白费了,因为那时他已经不在人世。凑巧得很,他的去世就在九月三日,我开始坐牢那一天。我那时虽然被这突然袭击弄得晕头转向,但平生不做亏心事,上床后照常进入了睡乡。那一年的秋天似乎特别来得早,监狱又在郊区,到半夜里,我感到一阵凛冽,一时冷醒了。傅雷夫妇双双含冤辞世,正是这个时刻。

倒行逆施决没有好下场,归根到底,历史是要前进的。党和人民付出了惨重的代价,却换来了清明稳定,带来了美好的希望,现代化远景已经遥遥可见。党历来重视的知识分子政策,经过肆意践踏之后,重新正常运转。像傅雷这样踏踏实实、刻苦耐劳、卓有成就的文艺家,正是我们党和国家的财富。今天也是知识分子大有作为的时候。傅雷没有等到这一天,为公为私,都是莫大的遗憾。

也许会有人觉得,傅雷太桀骜不驯了。但这种桀骜不驯,是对事而不是对党,我们应该把这个界限划清楚。党对原则界限从来是不含糊的。照我想来,党宁取光明磊落的鲁男子,也不要看风使舵的聪明汉,半阴半阳的两面人。

永别了,傅雷同志。党和人民是不会忘记你的,愿你们夫妇在地下安息!

一九七八年九月

从《秋瑾传》说到《赛金花》

——《秋瑾传》代序

《秋瑾传》即将出版，觉得有些感想需要倾吐，因为这本小书的命运，也关连着一些历史潮流的奔腾翻卷。

《秋瑾传》电影剧本，是根据夏衍同志的同名话剧改编的。原作写于三十年代中期。那时救亡之急，迫于燃眉，舞台上的叱咤风云，曾燃烧起观众满腔沸腾的热血。五十年代初，中国人民已经站立起来，敬爱的周总理和胡乔木同志不约而同，先后建议将《秋瑾传》拍成电影。不久以后，纪念秋瑾的文集由宋庆龄、郭沫若同志联袂题签，以堂皇裔丽的篇帙问世。这就表明了，秋瑾崇高的献身精神，不但彪炳于青史，在我们的社会主义革命和建设中，依然有裨于人们景行仰止，踔励前进。我接受改编电影剧本的任务，距今将三十年，俯仰之间，等闲头白，而剧本几经曲折，至今没有搬上银幕。先是在张春桥文艺作品只许写十三年的禁令之下碰了壁，接着又经历了使八亿人蒿目增痛、裂眦怀愤的年月，林彪、“四人帮”给我罗织的种种罪名中，有一条叫作“配合蒋介石反攻大陆”，证据就是我改编了《秋瑾传》。不能不令人义愤填膺的是他们还因此而厚诬先烈，枉口白舌，编造了秋瑾叛卖革命的谰言。现在这本小书和读者见面，却已经是狂澜既挽，万象更新，我们的新长征已经在金鼓齐鸣中誓师捷进了。我不禁欢呼雀跃，为我们伟大的党、祖国和人民称庆，为自己晚年的幸运称庆。

在中国近代史中，秋瑾是妇女中为革命献出头颅的第一人。仅仅这一点，就值得大书特书。特别令人感动的是她的从容就义，完全是心驰神越、精诚凝蕴的结果。她亲历了八国联军蹂躏北京的庚子事变(一九〇〇年)，丧权辱国的辛丑城下之盟(一九〇一年)，从即时起，她就怀有金石般不渝的坚心，为了救民族于存亡绝续之间，把个人生死置之度外。她还以妇女先觉的豪情壮志，看到为革命流血的多是男子，当作是妇女的耻辱。她是诗人，清辞丽句中闪烁着不少卓越的思想，如“世界和平赖武装”之类。她主张办白话报，打破文字与群众之间的壁垒。她的笔端显示出惊才绝艳。她毅然与“玩偶家庭”决绝，挣断金枷玉锁，只身远走扶桑。莎士比亚说“弱者——你的名字是女人”。她不甘自居于弱者，驰骑击剑，时作男装，表现出她惊世骇俗的叛逆精神。她领导的武装起义，发生了惊天动地的影响，猛烈地动摇了封建帝王的宝座。所有这一切，在当时的环境里，都是非常难能可贵的。秋瑾馨香的姓氏，可以载入世界巨人传而毫不逊色。轩亭口的碧血千秋，使我不由得想到丙辰清明节天安门前花山诗海、掀天人潮中的英雄群像。时代不同了，今天革命群众的政治觉悟和思想境界，与古人不可同日而语，但就其赴汤蹈火的进攻精神来说，却是彼此心心相印，一脉相承的。惭愧的是我力不从心，没有完成合乎理想的、秋瑾的艺术形象。

秋瑾的弱点，在于她虽然领导了如火如荼的武装起义，却未能提出较为完整的资产阶级民主革命纲领。这个评价是公允的，却决不能用以强求于秋瑾。金求足赤，人求完人，只是使自己堕入目空一切的虚无世界，而世界仍然不失其灿烂光辉。这是联系到文艺创作中如何处理与评价历史题材的问题。长期以来有一种流行的观点，以为凡属古人，都有很大的思想局限性，不合于马克思列宁主义的标准，也就是不合于今日的要求！这正是对历史题材采取轻薄态度的根株。其实任何人都免不了局限性，包括丰碑巍巍的革命导师在内。马克思主义的崇楼杰阁，是在资本主义的基地上构造起来的，古往今来各个阶级的一切思想精华，都是它的建筑材料。“抽刀断水水更流”，历史的长河不能割断。在文艺创作中摈斥历史题材，无异在人民生活中拒绝吸收悠久的民族传统和历史养料，这恰好是远远地背离了马克思主义。

在左翼联盟揭橥“国防文学”的时期，作为实践这一口号的尝试，夏衍同志写过两个话剧剧本，《秋瑾传》之前，还有《赛金花》。前者反映的是历史上的积极现象，目的在于激扬蹈励；后者反映的是历史上的消极现象，目的在于借古讽今。殊途同归，都是为了配合政治需要。两个剧本的历史背景，都和庚子事变有关，这自然是因为三十年代前期的政治局面，和庚子年的形势非常相似的原故，特别是举国鼎沸，民情激昂，而庙堂之上，泄沓嬉恬，对内专横暴戾，对外卑躬屈节这一点。夏衍同志当时自述《赛金花》的作意，是以“国境以内的国防”为主题，用以揭露汉奸的丑态，促起人民的警惕。他说“这习作只是以反汉奸为中心的奴隶文学的一种”，“从李鸿章、孙家鼐一直到求为一个洋大人的听差而不可得的魏邦贤止，固然同样是作者要讽刺的奴隶，就是以肉体博取敌人的欢心而苟延性命于乱世的女主人公，我也只当她是这些奴隶里面的一个。”“我尽可能的真实地描写她的性格，希望写成她只是因为偶然的因缘而在这悲剧的时代里面串演了一个角色。不过，我不想掩饰对于这女主人公的同情，我同情她，因为在当时形形色色的奴隶里面，将她和那些能在庙堂上讲话的人们比较起来，她多少还保留着一些人性！”（《历史与讽喻》）巩固国境以内的国防，当时无疑有迫切的现实意义。和鲁迅先生主张“将一切斗争汇合到抗日反汉奸的斗争这总流里去”的精神是一致的。拿《赛金花》剧本对照一下，作者的意图和完成的形象吻合无间。而其锋芒所向，在于坚持“攘外必先安内”，积极反共消极抗日的蒋介石反动政府，大概谁也不会对此发生误解。剧本上演的结果，即社会实践检验的结果，获得了观众的共鸣。在抗日救亡的宣传鼓动中，它起过打击敌人，教育人民的作用。国民党反动派同样清楚剧作的意向，《赛金花》在南京演出，先是张道藩亲率打手在台下起哄，当剧中一个清廷大员说到“奴才只会叩头”时，连痰盂也扔到了台上。结果观众把他们轰了出去。其后是国民党政府断然下了禁令。理由是冠冕堂皇的八个大字：“宁为玉碎，毋为瓦全。”因为赛金花是婊子，伤了大人先生们的体面。实质是清末慈禧太后“宁送外人，不予家奴”的同义异词。我当时曾写过一篇杂文《〈玉碎〉颂》，加以抨击；“四人帮”的时代还因此受到批斗。具有讽刺意味的是后来对《赛金花》众口交詈的一点，正是指责赛金花是汉奸妓女，又何其巧合乃尔！

妓女的产生和存在是社会现象，野蛮的剥削制度的派生物。随着全国的解放，在我国（除台湾省外）已经消灭了这种社会的癣疥，这是可以引以自豪的，但并不因此就有了任意轻蔑妓女卑残地位（不是妓女制度）的权利。因为妓女是压在社会底层的苦菜花，被凌辱与被损害者，“应作哀鸿一例看”。汉奸是必须反对的，但如果以为妓女卖淫，内外有别，否则就是里通外国，那就等于要给妓女造贞节牌坊，未免使人在严肃中生滑稽感。持这种见解的同志，至少是对神女生涯的惨苦和旧社会的残酷的隔膜。赛金花闯进文艺领域，不自《赛金花》话剧始，樊樊山写过《彩云曲》，曾孟朴写过《孽海花》，刘半农写过《赛金花本事》，《赛金花》的同名话剧，同时就出现了两出。（另一出是熊佛西写的。）这不是一件偶然的事。其主要原因，就是因为赛金花卷进庚子事变的大涡流里打了一个滚。八国联军铁蹄下的故都，烧杀淫掠，如阿鼻地狱，尽人皆知。赛金花在那样的大动乱中，夤缘攀附联军统帅瓦德西，据稗乘野史，她因此给联军办过差，也抑制了一些暴行。这件事本身如果也值得特别评骘是非，那么不论如何褒贬，把中国弄到那样瓜分豆剖的地步，尸其咎者，应当是帝国主义和清王朝的统治阶级，而不能由赛金花负卖国之责，这总是无可争论的吧！到了三十年代中叶，赛金花暮年潦倒京华，呻吟于当时已成为危城的陋巷中，早已被世人淡忘如遗。在她死去前后，忽然报章喧腾，一时成为新闻人物，也正和当时的大局有关，是人民在国民党嵌口结舌的高压政策下迫切要求救亡的侧面反映。而《赛金花》就是这种低气压下的产物。如果实事求是地评论《赛金花》的功过得失，怎么能撇开这样的时代背景、历史条件和历史事实？鲁迅先生曾说过这样一句话："作文已经有了'最中心之主题'，连义和拳时代和德国统帅瓦德西睡了一些时候的赛金花，也早已封为九天护国娘娘了。"这一微讽，是专指？是泛指？真意所在，还可以研究。鲁迅先生论述"民族革命战争的大众文学"与"国防文学"口号时，曾以为后者通俗易懂，可以并行不悖。知人论世，他主张通观全体，而反对取其一端，以偏概全。以鲁迅先生的日月之明，证以他的这些不刊之论，那么后人对《赛金花》的百口悠悠，左右夹攻，只怕未必合乎鲁迅先生的初衷，也大出于他的意料之外的吧。林彪、"四人帮"视《赛金花》如寇仇，当作罪大恶极的东西加以讨伐，这是项庄舞剑的故事重演，意在砍杀党所领导的左翼文艺运动，他们的别具肝肠，早已路人皆知。至于粉碎"四人帮"以后，反而将《赛金花》和江青挂起钩来，我总是有千虑一失之感。何物江青！她篡党夺权，罪浮于天，劣迹昭彰，擢发难数，《赛金花》何罪？争演《赛金花》，对江青来说，又算得了什么呢！

我这样说，并不是认为《赛金花》毫无缺点错误。现在看来，其中对义和团的描写，没有肯定其反帝斗争的功绩，却着眼于它的落后面，就不免有舍本逐末，畸重畸轻之弊。不过谈到义和团运动，我心里也有个疑团。义和团英勇无匹的战斗，代表了中国人民对帝国主义侵凌的义愤，表现了中华民族不可轻侮的气概，这个主流和本质方面是不容置疑的。但其落后迷信的色彩如此浓厚，从“扫清灭洋”到“扶清灭洋”的转变如此突兀，却又是无可讳言的事实。史家把义和团与太平天国、辛亥革命并列，称为近代史中鼎足而立的三大革命运动，是否相称？我自维浅陋，历史知识等于零，在这个问题上根本没有发言权。我只是把这个问意提出来，希望史学界的专家们有所论列。

在《秋瑾传》的改编过程中，曾得到不少历史学家的帮助，我在此表示衷心的谢意。

“四人帮”被彻底打倒以后，《秋瑾传》有了重见天日的机会。这一回却是夏衍同志自己来开红灯了。因为前一个时期，他正在参与文化部处理电影剧本的工作，他表示不愿意由他来通过根据他的原作改编的作品。出版界一向有个不成文法，就是未经开拍的电影剧本，不予印行。现在这个禁例打破了。在文艺界联翩出现的许多新气象中，这也算是一种吧。现在我在《秋瑾传》搬上银幕以前，把剧本先献给读者，希望能得到读者的批评指教。

一九七八年十一月二十五日，于洞庭西山。

团 圆

在蓝宝石一样闪亮的东海，波涛万顷中有一些星罗棋布的岛群。从默默无闻的蕞尔小岛，到大小金门、大担二担、物阜丰腴的台湾，原都是骈枝连理，一脉同根，属于神州大陆的土地。可是几十年来，它们一再从母体中被生生地割裂。福建前沿有个小岛，离金门最近，风景历历，双方用肉眼都能望见。在六十年代初叶，海峡上空炮弹横飞，两个望衡对宇的兄弟之岛，也成了硝烟弥漫的敌体。

正在这紧张的年月，一个夏天的清晨，一位陌生的姑娘来到这陌生的小岛。她明如秋水的双眼充满幻想，黛绿年华已有了些戏剧性的经历。她家在台湾，生在台湾，听惯了老辈常说的一句话："我们的祖先是从唐山来的！①"她从小爱出神地望海，向往海那边望不见的唐山——辽阔的祖国大地。她初中刚毕业，得到父母心许，借口到香港升学，从香港投奔到了北京。她的民族自尊心和自豪感得到了满足，只有一件事使她苦恼：她回到了祖国的怀抱，却和生身的父母隔绝了音信。她学的是教育，毕业后坚决要求分配到离台湾最近的地方去，这样她就来到了这个小岛。她的祖先是在清代从福建渡海移居台湾的，福建是她家的老根。她的行动线恰像用圆规画了一个圈，现在回到了原来

① "我们的祖先是从唐山来的"，取材于台湾《青年战士报》所刊《"唐山过台湾"的故事》一文。

的出发点。

小岛上有一所中小学，她就是新来的教师。陪着她的是校长，一位两鬓如霜的老人。白发红颜，越发映衬出她如火的青春。这个岛只有弹丸之地，而且贫瘠。如果将大地比作人，它就是地母最孱弱的孩子，得天独薄。岛中央一座陡峭的崇山，屏风似的把小岛隔成两半：前半向阳，面对金门，地势比较平坦，岛上人家都聚居在那儿；后半是山阴，面向大陆，岗峦起伏，触目是巉岩怪石，只有一条羊肠小径通往前村。她第一次走在这条小道上，感到很有些身入蛮荒的意味，全不是她预期的那样，长满郁郁蓊蓊的亚热带植物，大红大绿，如胶似漆。待到绕过山崖，峰回路转，更不由得打了个愣怔。她脚下的地势比较高，居高临下，整个前村就像一幅画打开在眼前。那不是她意想中明媚的渔村，却是一个伤心惨目的修罗场，百来户的人家，竟成了断壁残垣、乱砖碎瓦的展览会。老校长看了她年轻的同事一眼："这都是叫炮弹毁了的。前面海峡里停着美国第七舰队，这里常常有炮战。"他说得很轻，唯恐吓着了这个怯生生的姑娘。"噢"，她回答了一个字。她这才感觉到，祖国完整的河山确实还碎着一小块，热腾腾的和平环境里还残留着战争的阴影。

村子前面就是乱石嶙峋的海滩，她又看到了从小看惯的海，在夏天的太阳底下显得很温柔。对面的一抹青山就是金门，崖边的行人，崖下的舟楫，甚至飞翔的海鸥都能隐约地看见。她先前在故乡老是隔海望着祖国，现在又从祖国隔海回望着故乡。她的父母就在那边，还有儿时的伴侣，熟悉的城郭山川。——咫尺天涯！粼粼的乡愁在她心底波动，她恋恋不舍地望了好一会。

现在校长带她去看学校。她曾给这所学校描绘出一个模糊的轮廓：背靠崖壁，面向碧海，校舍比较小，建筑很朴素，在课堂里上课，眼界很宽阔，海风一阵阵从敞亮的窗户里传来浪花声。当她在滂贝古堡式的村子里穿行的时候，想象中的景物开始倒

柯灵(中)绍兴文代会期间与楼适夷(右)、裘柱常合影

1995 年 6 月 23 日柯灵获上海文学艺术奖第三届杰出贡献奖。

塌。校长带她到一棵大榕树底下止了步。这是百年以上的参天大树,绿云如墨,几乎遮住了半爿天。周围是一片草地,长着野草、蓬蒿和苦艾。老校长宁静地微笑,说这就是岛上的学校,草地是学生的活动场所,华盖似的大榕树就是天然的保护伞。

老校长看她瞪着水灵灵的眼睛发愣,提议去看看课堂。她的眼光向草场四周扫射了一圈,哪有半点建筑物的影子?可是走了不远,就听说到了。她顺着校长的手势低头看去,看到地上开了一条长方形的地坑,一条窄窄的石级往下伸降。她探险似的跟着校长往下走到底,这才看清楚了:一间长方形的地下室,一排一排粗糙的白木课桌椅。通风和采光,就靠通向地面的那条槽槽。它的特点是黝暗和潮湿,扑鼻的霉气使她感到窒息。同样的课堂有四间,都在草场下面。这是她在教育史上从来没有接触过的"地下学校"。

"课堂不太理想,"校长笑笑。这一少一老都善于微笑,不过一个是少不更事,春花般的甜笑;一个笑得恬静自然,饱经风霜,绚烂归于平淡。"可是很管用,炮战再猛,可以照常上课。我们的学校叫大炮毁了,我们的教育可是毁不了的。"她还是回答了一个字:"噢"。还习惯地笑了笑,可是这一回笑得很勉强。

晚上她被安顿在宿舍里,她想到《从猿到人》里面说到的远古时代。那是个崖壁上开出来的山洞,有十步路深,高度够她站得直身子。靠里一张木板床,靠床一张小桌子,一张小方凳。安全,冬暖夏凉。这是对她的特别优待。现在她剩下了一个人,对着一盏煤油灯,橘黄色的火光说明山洞里氧气不足。桌上一只箱子,一个提包,笛子在提包口里露出一截,这是她心爱的乐器。她嫌这些东西狼犺,放到了地上,好让眼前清净些,静静地坐一会。这一天的经历!从北京到福州,她一路听到过多少好心的劝阻:福建前沿太艰苦。她的回答是照例嫣然一笑:"不要紧,我去!"怎么那么缺乏想象力!她一向藐视艰苦,可那是个没有实际内容的、影影绰绰的艰苦的影子，现在才碰上了结结实实的艰苦的实体。她想要哭。有时候哭也是姑娘们的一种武器。忽然她的头颈里着了凉沁心脾的一下子。她吃惊地抬起头，看到崖壁顶上有一滴水珠，映着灯光闪亮，又作势要向她袭击，她不自觉地笑了笑。

上了床，好不容易进了梦乡，却又被外面天翻地覆的骚动所惊醒，原来是海上多变的气候送来了一阵雷雨。她好一会才朦胧睡去。早晨醒来，听到耳边有水声，她一骨碌坐起，吃惊得发了呆。原来山洞里漫了水，一双皮鞋在水面漂流，像鲁滨逊的小船；箱子和提包也在水里载浮载沉。只差一点水就上了床……

学校开学，她第一次站在课堂上，刚开了个头，一阵炮声破空而起。她心慌意乱，再也讲不下去。学生们却照常安静地坐着，一双双发亮的眼睛对着她。一颗炮弹落在附近的地面，她只听得天崩地塌的一声，课堂猛然晃动了一下，弹片带着硝烟打在石级上，像一股龙卷风。她脸色煞白，课本从手里落到了地上。第一排有个可爱的女孩子，衣衫破烂，光着脚丫，长发披在肩上，走出座位，默默地捡起课本，双手递给她，然后又回到座位上，理一理披散的头发，静静地坐着。她觉得脸上一阵热，定了定神，在热闹的炮声中讲起课来。

她慢慢地也就习惯了这种生活。经过这一堂课，学生很快和她亲热起来。她知道了同学中有好几个孤儿，父母是在开始炮战时牺牲的，光脚丫的就是其中的一个。她特别怜惜这些孩子，和光脚丫自然更亲热些。岛上的居民本来不多，不上两个月，也都一个个成了熟人。因为她年轻瘦弱，大家管她叫“小先生”。她脸上经常的微笑，赢得人们普遍的好感。她并不刻意修饰，可是整整齐齐，有模有样，在这破烂的砖瓦堆里，过得从容不迫。大家对她适应环境的能力这么强，都有个鲜明的印象。她也越来越感到,岛上这些平凡的居民,也自蕴有内在的力量,像磁石吸铁一样在吸引她。他们在残破的小窠里照样安居,下地就下地,挑水就挑水,结网就结网,出海就出海。炮打响了,防炮洞里避一避;炮停了,照常劳动。孩子们还到处捡热得灼手的弹片,好到大陆上当废铁卖钱,补贴生活。妇女们有些空隙,一边说笑,一边做针线活,从来不让一双手闲着。自自然然,快快活活,仿佛生活天生就该这个样子。什么时候岛上向对方还手了,青年男女就是炮兵,有些还是武艺高强的炮手。她过去经常从纸面上读到什么"勤劳勇敢的中国人民",这时才在心坎里开花结果,落了实。她的心灵和这些人融合在一起,就像盐溶化在水里。

一天晚上,她站在山洞口,在静谧的星空下吹笛子。悠扬的笛韵一幅轻纱似的覆盖着小岛,像是抚摩人心的催眠曲。老校长循声而来,站在一边静静欣赏。一曲未终,鲁莽的炮声把它打断了。校长叫她靠洞里站进去一点,她笑笑说:"不要紧!"晚上看炮战,多少带点浪漫气息。炮弹在暗蓝的天幕上画着幻异的弧线,爆出火花。爆破声更钝重些,似乎也杳远些。就在这不时裂缝的暗空底下,老校长问道:"习惯些了吧?"她回答说:"扎下根了,再不走了!"老校长指指天空:"不能老是这样!我们比世人能够想象的更坚强,可是生活的目的不是为了忍受。"她望着天空,声音带点忧郁:"为什么要这样呢?"老校长说:"会变的,一切违反自然的现象都要变的。正义和美好的东西最有力量,任何人都没法抗拒。继续吹笛子吧!"她果然又在炮声中吹起笛子来,吹的是《春江花月夜》。她吹得很优美,深深陶醉在艺术创造的快乐中。炮声停了,笛声还缭绕在小岛的夜空。

一件意外的事发生了。中秋节黄昏,小先生和老校长特地从大陆上买来月饼和鲜果,和学生中的孤儿们一起团聚,在大榕树下过节。晶莹的月亮,天空明净无瑕,就像豆青色的古瓷。月亮是圆的，天体是半圆的，和谐得很。海里闪动着大片银鳞似的月光。孩子们玩得高兴，要求老师吹笛子。光脚丫自告奋勇，甩开两腿，到山洞里把笛子取了来。她飞快地跑着，离大榕树还有一段路，炮声响了。宁静的世界一下子被砸个粉碎。所有坐在草地上的人都就地趴下了，光脚丫却还拿着笛子向前奔，长头发在月光下闪闪地飞动。“卧倒！卧倒！”大家直着嗓子叫喊，光脚丫还是没命地狂奔，双臂剧烈地前后摆动。现在这孩子的心里显然只有一个念头，就是要把笛子交到老师手里。小先生蓦然从草地上站起，一个箭步蹿出去，把光脚丫一把推倒，自己飞快地扑在她身上。就在这一瞬间，一颗炮弹在不远处开花……

驻在岛上的人民解放军当晚就把小先生送到了厦门的医院里。感情和信仰一样具有韧力，距离远了，常常反而靠近。小先生离开了小岛，岛上的人们觉得缺了点什么，又像多了点什么。人们心里惦着她，口头念叨她。不稳定的消息风影一般在岛上流传，一时说她伤势沉重，生命危殆；一时说她保得住性命，免不了残废；一时说她平安无事，不久就会出院；一时又说领导照顾，安排到了省里，不让她来岛上了。为着这些互相矛盾的传说，人们一时忧愁，一时欢喜，一时宽慰，一时失望。小先生的言谈举止，也成了人们津津乐道的话题，特别是她甜蜜的微笑，动人的笛声。年老人像疼自己的闺女一般疼她想她，大家默默地为她祝祷。

转瞬间腊尽春回。按照祖先世代相沿的风俗，岛上的人们兴兴头头地准备迎接春节，残破的门楹上也贴了红纸的春联。这是循例停止炮击的日子，除夕下午，人们聚集在海边，做节日的对台宣传。政宣组的巧手们糊风筝，编竹筏，趁着顺风顺水，漂洋过海，把宣传品送到金门去。正忙得不可开交，忽然有人高兴地叫嚷：“快看呀，谁来了！”人们一齐回首，只见老校长伴着小先生，一群学生簇拥着她向海边走来，光脚丫小鸟依人般偎依着她，搀扶着她。大家一窝蜂拥上去，把她围了个水泄不通，霎时间掀起了欢乐的高潮。人们看到，小先生失去了一条腿，左胁下面拄了一根拐杖。可怜的姑娘！大家深深叹息，心里难受得要命，可是谁都憋着不敢出声。小先生却若无其事，腮边的笑容甜得更逗人爱怜了。她写了一封信，要求挂在风筝上送过海去，上面写的是："亲爱的爸爸妈妈，亲爱的乡亲们！每逢佳节倍思亲，我是多么想念你们哪！花要开，月要圆，国家要统一，家人要团聚。让这一天快快到来，快快到来吧！"

吃年夜饭的时候，家家户户都在席上留了个空位，摆了杯筷，满满地斟上酒，让远游的亲人共庆团圆。小先生支着拐杖，久久地站在海边。中国和美国隔着遥远的太平洋，一个在地球这边，一个在地球那边，两国人民却一直是朋友。四海之内皆兄弟，动刀动枪只是历史矛盾律的征象，压迫和反压迫形成的结果，早晚是要变的。何况是海峡两边的骨肉同胞！她决心留在岛上，一直到乌云消散，圆规合拢。

一九七九年一月二十三日

绿色的“南美巴黎”①

布宜诺斯艾利斯是赤道以南屈指可数的现代化城市，世界性的大港口，也是美洲重要的商业、金融、科学、文化和艺术中心之一，人们称之为“南美的巴黎”。

我曾经走过一些欧洲的名城，宫墙崔嵬的莫斯科，菩提树下的柏林，百塔凌云、古色古香的布拉格，碧树粉墙、明净如秋的索非亚，虽然荫着时间的紫霭，依然望中如画。这一次我们又观光了令人目迷心醉的巴黎。布宜诺斯艾利斯也有它的繁华绮丽，却另是一番“淡妆浓抹总相宜”的丰韵。如果拿城市比人，那么莫斯科是甲胄森严的骑士，柏林是冠服齐楚的缙绅，布拉格宛如雍容华瞻的贵妇，索非亚却像明眸皓齿的村姑，巴黎赛似花容玉貌、一顾倾城的名姝，布宜诺斯艾利斯却好比风鬟雾鬓、仪态万方的绝代佳人。

布宜诺斯艾利斯有二千条以上纵横交错的大小街道和巷陌，组成一幅壮丽的城市构图。重楼复阁的高层建筑，阗城溢郭的汽车洪流，回环上下的立体交通，珠围翠绕的橱窗布置，火树银花的夜晚，通宵达旦的歌舞……但布宜诺斯艾利斯最吸引人的，却是她扑人眉宇的画意，沁人心脾的诗情。这是一片繁华中

① 1980年10月，应邀访问阿根廷。同行者是吴作人同志及其夫人萧淑芳，我和我的老伴陈国容。本文所需材料，均由国容从英文译出，本文在《人民日报》发表时，也由二人共同署名。

的幽境,红尘十丈中生意蓬勃的绿洲。

阿根廷北地酷热,南方苦寒,心脏地带则是海洋般的大草原,地处温带,气候宜人,雨量充沛,土地肥沃,物产丰饶,不愧为天富之国。布宜诺斯艾利斯就坐落在草原的中心,在丰林茂草中辛苦经营起来的。这大片文明昌隆的市廛,不但城外是一碧无垠的大包围,城里也被自然景物打扮得如锦似绣,真个是家家芳草,户户鲜花,夹道嘉木成行,满城绿荫如盖。有一条号称"南美百老汇"的佛罗里达街,是高等商业区,街面比较狭窄,只许行人,不准通车,街边没有道旁树,但街心却五步一岗,十步一哨,摆满了大型的盆栽花木,漂亮极了!鳞次栉比的大商店,华装丽服,奇珍异品,装帧精美的画册图书,五光十色的电子产品,在闪闪发光的大橱窗里,充塞涌流,华彩夺目,而又无不巧妙地点缀上一些青翠葱茏的观赏植物,千姿百态,各具匠心。仿佛盆景是橱窗的个性标志,凝眸含睇地向路人暗示说:在我们这里,高尚的艺术趣味无所不在!有个别开生面的商场,门口并不恢宏,一到里面,却是豁然开朗,不但百肆杂陈,而且层梯曲折,游廊别院,快绿怡红,布置得别有洞天,还有咖啡座供顾客小憩。无怪乎远在印度的诗人泰戈尔,赛纳河畔的小说家法朗士,奥地利的小说家、传记家斯蒂芬·茨威格,智利诗人巴勃罗·聂鲁达,德国作曲家理查·施特劳斯,都曾在佛罗里达大街上闲步容与,流连光景。

布宜诺斯艾利斯是丛树之城,来自世界各地的树木,都在这里荟萃生长,植物园里就有五千个品种。亭亭玉立的棕榈,翠羽毵毵的雪松,洁白晶莹的玉兰,紫云缭绕的黄钟,园林中随处可见。在一座意大利别墅的庭院里,我们还看到一树参天的银杏,据说是一个日本人花费巨资,从中国运来,移植此间的,已是百年前的旧物了,扇形小叶依然茂密青翠,摇曳生风,轻轻地互相耳语。阿根廷有一种典型的植物,叫做盎婆树(Om-bú),树干粗壮得可容数人合抱，浓枝密叶的伞形树冠，大如垂天之翼，突露地面的树根蟠曲纠结，四面延伸，像是名家的雕刻。凡是有盎婆树的地方，就会给大地披上大片浓荫，投下沦肌浃骨的清凉。阿根廷女诗人西尔维娜·奥冈波和画家阿尔多·赛萨合写过一部别具风格的书，题名就是《布宜诺斯艾利斯的树》，前者写诗，后者摄影，用最堂皇裔丽的印刷和纸张，记录了这个城市奇妙无比的绿云和花雨，隽永的诗意、韵律、光影和色彩。

布宜诺斯艾利斯现有四百个广场、公园之类的绿色据点，有如夏夜的星星满布天空。无论是幽倩婉曲、精心构筑的名苑，或者是街心路畔、随处点缀的大小园林，一律不设墙篱屏障，把人工美和自然美和谐地融合在一起，行人可以随意散步憩息。连动物园也只有短墙疏栏，游人可以自由出入，园里的珍禽异兽，和园外的行人车辆，悠然相望，互不惊扰。

丰富的青铜和白石雕塑使这个城市带有崇高、庄严、静穆、优美的气氛。历史性的英雄形象使人精神昂扬，而童话、神话和文学名著的雕像却使人遐想翩跹。在幽静的拉普拉塔河——也就是银河边上，有一座白色大理石的美人鱼雕像，那是阿根廷女雕塑家劳莱·摩拉的作品，以安徒生童话《海的女儿》为题材：牡蛎壳形的大水池，水池中央嶙峋的岩石高耸半空，两个人身鱼尾的美人托起一片贝壳，上面坐着她们已经化成人形的妹妹——那个向往人世的美丽的鲛人。在车水马龙的七月九日大街，和高耸入云的独立纪念塔遥遥相对，是一座西班牙造型艺术家创作的堂·吉诃德先生，满身乡气的侍从桑丘·潘沙，古道西风瘦马，矗立在现代化的街道中心，强烈的对比特别逗引人们的深思。旧城一个岗峦起伏的公园里，我们还看到一座别致的青铜雕像；一匹昂首龇齿的母狼，正在为地上两个“万物之灵”的裸体婴孩哺乳。这就是瞿秋白在《鲁迅杂感选集》序言里提到的罗马神话故事，婴孩是战神马尔斯和莱亚·西尔维亚公主的双生子：

罗谟鲁斯和莱谟斯。他们一生下来就被抛弃在荒山里(一说是投在河里),由一只母狼救起,哺育成人。后来他们是罗马城的建立者。狼孩至今成为罗马的城标。瞿秋白把鲁迅比做莱谟斯,说他“是野兽的奶汁所喂养大的,是封建宗法社会的逆子,是绅士阶级的贰臣,而同时也是一些浪漫谛克的革命家的诤友!他从他自己的道路回到了狼的怀抱”。不想我们在遥远的阿根廷看到了这座铜雕。这个公园是在旧堡垒的废基上造成的,布宜诺斯艾利斯现在已经是一座簇新的现代化城市,狼孩的铜雕构筑在这里,自然别有其深长的意味。雕塑宁静安详,默默无言,但是比所有大红大绿、大吹大擂的标语口号牌更有力量,更能陶冶人的心灵,开拓人的思想境界。

在访问期间,我们经常被问到一个问题:“你们对布宜诺斯艾利斯有什么印象?”我们总是回答说:“我们看到了阿根廷人民热爱生活、创造生活的伟大精神。使人类生活于其中的星球变成花园,而不是变成沙漠,使现代物质文明和精神文明水乳交融,引向空前的历史高度,这应当是我们紧追不舍的生活哲学!”

一九八一年一月二十四日

人民的心

北京已经下过第一场雪。我病了八个多月，不久前才出医院，就到北京参加五届四次政协会议，列席五届四次人民代表大会。坐在温融如春的人民大会堂里，心潮起伏，有许多感慨、遐思和联想。因为这座宏伟的建筑物是一个历史的窗口，可以透过它看世界，看祖国的现在、过去和未来。

在这三十二年里，世界起了多少变化，祖国起了多少变化呢？胸次恢宏、目光敏锐的历史家将会用许多大书来加以记录。但作为一个文学爱好者，我多么希望能有司马迁、斯蒂芬·茨威格那样的作家，或者用栩栩如生的历史人物传记，或者用萦心摄魄、影响人类命运的历史场景，给这个时代留下一些彩色缤纷的画卷！我更多么期待会有这样的作家，把个人命运和世界命运有机地配合在一起，写出普通人民、普通男女在历史进程中的歌哭欢笑！我相信，那将是更加扣人心弦的东西。

历史发展遵循着一定的轨辙，但许多互相缠绕的必然和偶然因素却使它充满曲折，发生种种不测的风云，给人民带来旦夕的祸福。一九五六年，我参加政协会议的经历，就带有这种变幻莫测的性质。

一九五六年是我国如日方中的年份。千百年来受苦受难的老百姓开始摆脱了被压迫被剥削的命运，吃饱穿暖，心情欢畅，对自己的前途充满希望。社会安定，显出一种明朗谐和安稳的盛世气象。怎样使生产资料从私有变成公有，是社会主义改造的关键,对资产阶级是生死攸关的大事;这件事却在资本家敲锣打鼓声中不太勉强地完成了,避免了用革命暴力强制执行必然要引起的社会震荡。这年一月份,中共中央召开了知识分子会议,接着“百花齐放、百家争鸣”的方针也提出来了。一切都清楚地表明,险滩急湍已经渡过,顺风顺水的行程开始了。

就在那一次政协会议的过程中,我接受了中共中央统战部和文化部给我的任务:写一个反映和平改造资本主义工商业的电影剧本,因为我们应当向世界汇报这种祥和的改造经验。这对我并没有困难,会上许多资本家有血有肉的发言——中国近百年来内忧外患、甜酸苦辣的生动写照,就向我提供了丰富的素材。——这就是一年以后拍成影片的《不夜城》。

那时人民大会堂还没有造起来,政协和人大开会都在中南海怀仁堂,紫禁城里画栋雕梁的宫殿式建筑。每年开会,中共中央和政府主脑人物都要对全体与会者举行一次接见和宴会。这一次,我在收到照例的宴会请柬以外,又临时收到一封打印的通知,说明在举行宴会时,“请您坐第一席”。——那是怎么回事呢?莫非我要有一次意外的什么幸运吗?我疑信参半,心里捉摸不定。

接见完了以后,我走进宴会厅,赶快去找第一席察看。猜想证实了:桌上有我的姓名卡,上首主位是毛泽东主席,下首主位是周恩来总理。这次同席的幸运者,我还记得起来的,有不久前刚从美国回来的科学家钱学森,中国人民大学教授、社会学家吴景超,清末张季直状元的侄子、南通大生纱厂(现改名国棉一厂)厂主张敬礼,香港工商界人士高卓雄,澳门工商界人士何贤。还有两位,我想不起来了,恍惚记得一位是民主人士、国民党革命委员会的领导人,另一位是鞍山钢铁公司的总工程师。这个名单清楚地表达一种信息:在社会主义建设新时期,党除了依靠工农基本群众外,准备团结合作的是哪些阶层的人。

宴会开始，毛主席和周总理在春雷般的掌声中走进宴会厅，人们站起来，像倏然长出一片森林。那真称得上是一种盛会：明灯如昼，宾客如云，一百几十桌密密匝匝的筵席，主要的席上都有高层人物相陪。人们谈笑风生，如坐春风。毛主席举手向整个大厅打了招呼，然后在第一席沿着圆桌兜了个圈子，和同席的一一握手相见，同时从名卡上看姓名，看到张敬礼时，说“你的名字很好记”。告坐时又向大家说：“你们的名字，我都在报上见过。”然后向同席的敬酒。典礼局长余心清，有一部潇洒的美髯，亲自从旁给毛主席斟酒，毛主席喝了一口，就含笑说：“假酒！”周总理解释说：毛主席是能喝酒的，在陪外宾时，都是给他特别预备的假酒，其实今天倒用不着以假代真的。

毛主席看起来仿佛正当春秋鼎盛，精力饱满，谈锋很健。道地的湖南乡音，我不能完全听懂，也不及一一省记。他是熟悉清代历史的，和张敬礼谈了张季直的故实，听起来似乎比张敬礼了解的多得多。他向同席的人说：“我们这些人都从剥削阶级来的，但又起来反对剥削阶级，你看不是很有意思？”钱学森坐在毛主席的紧右边，大约毛主席向他征询扩大科学技术队伍的问题，钱学森提出了分阶梯集体培养学生的办法：一位老师带徒弟，大徒弟、二徒弟又可以带小徒弟。毛主席表示欣赏，转向大家说：“你们听，这里有了先进经验了。”富有学者风度的吴景超也很健谈，说了些很有风趣的话。我印象特别深刻的，是谈到五四新文化运动时，毛主席说的一句话：“胡适提倡白话文，要给他记一功，但是现在还不行。”我对批判胡适唯心主义哲学的飓风记忆犹新，一方面感到这句话里的实事求是精神，一方面又想，在这个时候，这句话也只有他才能说。

现在想来，那的确是千载难逢的幸会，因为我们八个人所接触的，正是站在威望和荣誉顶峰的毛主席，无可置议的世界巨人，即使对共产主义怀有最大偏见的人，也不得不承认这个传奇式革命领袖的存在。正是他和他所领导的革命运动,使得我们这个百余年来受尽宰割与屈辱的东方古老民族,挺着胸脯站了起来。凡是事实,就没有什么人能够推翻。

个人威望和荣誉的顶峰,常常紧邻着个人权力的顶峰,而后者常常会给前者造成不可挽救的损害。一年后,猛烈的左旋风起来了,局势起了九十度陡坡式的大转折,一路翻滚,直到"文化大革命"的悲剧性结局。这当然不单是一两个人的问题,少数人的问题。造成这种悲剧有多种复杂的因素,无可否认的一点是封建主义的幽灵远没有在中国消失。紫禁城里的老祖宗还在含笑向人招手。

当时同席的八个幸运者,就我所知道的,吴景超在反右运动中被打成"右派分子",后来"摘了帽",在"文化大革命"中因癌症去世了。而忧郁正是癌症之父。最近遇到一位熟悉他的朋友,慨叹地说:"他对计划经济特别有研究,现在应该是大有可为的时候。唉,这不能谈了!"张敬礼出身于亦宦亦商的阀阅世家,左旋风中的遭遇可想而知。《不夜城》因"美化资本家"的罪名而受到三次大批判,我从怀仁堂的座上客变为上海思南路看守所里的阶下囚。但我们不要忘记了例外,那就是钱学森。我国航天事业中辉煌的科学成就,和他的姓氏不可分割地联系着。这个例证有力地说明:一些有成就的专家学者,如果保证不受政治运动的冲击和干扰,可以为社会主义祖国和人民做出多么重大的贡献!

建国初期,一年一度的劳动节和国庆节,我不止一次地在天安门广场看到狂热的群众向城楼上的毛主席含着热泪欢呼,那种情景,不能不使人深受感动。但我也看到了另一种完全不同的景象。一九七六年,"四人帮"宣布对我"解放"以后,"不得进入公共场所"的枷锁去掉了,我经常的消遣,就是避开人群,远远地搭车到龙华公园去读书,因为那儿游人稀少,环境比较清静。

在受审查期间，我这一类“牛鬼蛇神”，除了《毛泽东选集》，是什么书都不许读的，这时可以比较自由地读心爱的书了。九月九日，一个恬净如水的秋天下午，我静静地坐在长椅上读书，沉重的广播声突然打破沉寂，传来了毛主席逝世的公告。我掩起书本听着，同时留心察看周围对这个悲痛的消息引起什么反应。——一切如旧：在草地上游乐的青年照样游乐，轻谈密语的情侣照样相偎相依，就像没有发生这件事一样。我站起来，在园子里慢慢走动。在池边的树下坐着一个中年人，也是手拿书本，默然静坐。我感到耐不住这种冷漠的压迫，向这个陌生人说：“毛主席去世了！”他机械地回答说：“是啊，去世了。”我只好继续漫步，我的感情也是麻木的，心像冻结了一样。我没有料到，在全国人民痛失导师的时候，会出现这种情景。

任何叱咤风云、气吞山河的英雄，都得有一个远比大理石坚固的基座，那就是人民的感情。毛主席是伟大的无产阶级革命家，人民永远不会忘记他的丰功伟绩，可是他在晚年出于好心所犯的错误，却不幸地冲淡了他和人民之间的深厚感情，这也就是《关于建国以来党的若干历史问题的决议》所指出的毛主席的悲剧所在。

积六十年革命、三十二年建国、近三年拨乱反正的经验，人们更加透彻地认识到一条真理——这是毛泽东思想的精髓之一，而毛主席本人却未能贯彻始终的一句话：“人民，只有人民，才是创造世界历史的动力。”

五届四次人大和政协压倒一切的中心议题是“从一切为人民的思想出发”，解决日益增长的物质文化需要同落后的生产力之间的矛盾。另一个迫切的呼声是“完成祖国统一大业”。这正好反映了深得人心的时代的需要，历史发展的需要。——一九四九年，国民党派到北平的和谈代表中有个刘斐，这次当选了全国政协副主席。当年和谈没有成功，刘斐对回南还是留北举棋不定。他在一次宴会中和毛主席谈话，借打麻将为题，问道：“打麻将是和清一色好，还是和平和好？”毛主席想了想，回答说：“清一色难和，平和容易，还是平和好。”刘斐说：“平和好，那么还有我一份。”这样就促成他留在北平的决心。这个饶有兴味的插曲，表明了毛泽东和刘斐的睿智。一人向隅，则举座不欢，我们引领以待的，正是这种雍容和睦、共同为祖国戮力的大团圆局面。

高度的民主，高度的物质文明和精神文明，繁荣、昌盛、和平、统一的祖国：这就是人民的心——台湾海峡两岸和海外侨胞彼此相通的心，人民不可违拗的意志！

一九八一年十二月十六日

无名氏

我进过各式各样的剧院，见过各式各样的舞台，东方的，西方的，古典的，新式的。富丽堂皇的建筑，描金点彩的壁饰，妙曼优美的顶画，凝重生动的雕塑。升降旋转的戏台，传神刻意的场景，变幻如梦的照明，明垂垂若深藏人世秘密的绒幕。但梦里真真，常常萦绕心曲的，却是故乡镇上古朴的庙台，村口河边临时搭成的戏棚，入夜在汽油灯的映照下，远远望去，宛如缥缈的仙山楼阁；笙歌悠扬，在田野里因风传送，端的是天上应有，人间难得。在戏台前，星辰下，风露中，赤脚踏跣、拥挤直立的看客，那一张张日晒雨淋月照风吹的脸庞，心满意足难画难描的神态，只有顾恺之、吴道子、达·芬奇、伦勃朗那样的大手笔才摹写得出来。

我欣赏过很多名角登台献艺，中国的，外国的，不同的名色，不同的剧种。龙翔凤舞的身姿，鸢飞鱼跃的动作，娇袅盘旋、抑扬顿挫的歌喉，有声有色、惟妙惟肖的表情。台上出神入化，台下心醉目迷。一剧方终，全场歆动，一阵又一阵雷动的掌声，一次又一次彬彬有礼的谢幕。但我的记忆深处，却还另有一种亲切的存在，那就是乡下草台班里无名艺人的演出。

我看过无数台上搬演的戏文，为多少慷慨激昂、悲欢离合、可歌可泣、亦庄亦谐的故事传奇所陶醉；但那些摘隐发伏、揭示人生真谛的节目，却更能扣动我的心弦。

我小时候看过一出戏，相隔五六十年了，至今还是活鲜鲜地留在眼底，印在心上。离开我家五里地的一个小村庄，村口有个文昌阁，紧靠着一座宽阔的大石桥，桥下流水湍急，哗哗作响。广场上矗立着古旧的庙台，面向神座，正在演出社戏。夜空辽廓，秋意渐深，在急管繁弦声里，我看到一出惊心动魄、使人战栗的戏剧，那就是根据《左传》史实衍化出来的《伐子都》。在辽远的春秋时代，郑庄公伐许，公孙阏（子都）和颍考叔奉命出征。公孙阏在鏖战中马失前蹄，幸亏颍考叔救了他。但当颍考叔战胜敌手的时候，公孙阏却出其不意，谋杀了他的救命恩人和战友，谎报颍考叔阵前丧生，冒夺战功，班师入朝，金殿受赏，志得意满。不料颍考叔的鬼魂却在烟火弥漫中一再出现。公孙阏被强烈的恐惧和良心谴责所压倒，神志失常，突发狂痫，终于吐露出讳莫如深的亏心事，咯血而亡。我稚弱的心灵第一次被人性中黑暗的深渊所震慑，也第一次如此强劲而深刻地被艺术感染力所吸引，如受电击雷轰。扮演公孙阏的是一位无名的艺人，他以绝妙的气概风度，矫健的腰腿身手，活灵活现地创造了一个胸襟十分偏窄而野心无限膨胀的人物。他富有特色的脸型：瘦棱棱的两颊，配上忒楞楞的双睛，把金殿发疯那场戏演得石破天惊，使人毛骨悚然。

无名艺人征服了我，成了我倾心折节的偶像，在以后的几年里，我跑遍四邻远近的村镇，如醉如痴地钉着看他的戏，特别是他最拿手的《伐子都》。我觉得能享受这样的艺术真是幸福。只是生活驱遣我离开故乡以后，"此曲终成广陵散"，我再也无法品尝。

世态的浸淫和年齿的推移比例增长，我洞察了许多世道人心，艺术欣赏也大大扩展了眼界，有机会酖读了不少辉煌的世界名剧。当我读到莎士比亚剧作的时候，总是自然地引起对《伐子都》的联想。

"野心家本身的存在，也不过是一个梦的影子。"

“一个梦的本身便是一个影子。”

“不错，因为野心是那么空虚轻浮的东西，所以我认为它不过是影子的影子。”

这是《汉姆莱脱》第二幕第二场中的一段对白，和《伐子都》内涵的哲理若合符节。——《汉姆莱脱》、《麦克佩斯》和《伐子都》，不同样是发掘人类病毒的杰作吗？我深切地感到，《伐子都》完全可以与莎剧骈肩而无愧。在我们可以预见的将来，它们还将有深刻的现实意义，对观众起振聋发聩之功。《伐子都》的剧本作者是谁，我不知道，但我猜想，他恐怕和我所崇拜的无名艺人一样，也是被人世遗忘了的无名氏吧。

在六十年代初叶，大约阔别三十几年以后，我才有机会在京沪两地重睹《伐子都》的演出。在上海，主要演员是青年武生蒋英鹤，凌厉峭拔的台风，勇猛跌扑的功夫，使他脱颖而出，一举成名。在北京，主要演员是钱浩亮——那时他是武生行中的后起之秀，已经很负时誉。这一南一北互相辉映的两台《伐子都》，演员声名的显赫，剧场设备的堂皇，戏装的鲜艳，武功的精娴，角色搭配的整齐，和草台班的演出，自然不可同日而语了。但我总觉得意犹未尽，流连光景，有一种近似曾经沧海、除却巫山的心情。

出乎意料的是，时隔不久，《伐子都》竟以“鬼戏”的罪名被宣布死刑，而钱浩亮却成了江青夹袋中宠爱的玩物。这个丑恶事实的后景，恰恰就是由现代超级公孙阏们组成的阴谋集团，正在肆意毁坏国家梁栋，草菅社会精华，串演一出阴森奇谲、货真价实的鬼戏，新中国就在乌烟瘴气中出现了一次可怕的历史大倒退。直到这出鬼戏收场四年之后，《伐子都》才得起死回生，重登舞台。这一次担任主角的，是上海名不见经传的青年演员刘德利——又一代新秀在红氍毹上崭露头角，引起观众的瞩目。遗憾的是我这个醉心《伐子都》数十年的老看客，历尽风霜，虽然几次发心要到戏院去看，却已经失去应有的精力与闲暇，只能在荧光屏上欣赏了精彩的片段。

我不觉怀着深深的眷念，重温旧梦。原来《伐子都》是著名的累功戏，武功异常繁重，只有青春似火的演员才能胜任。我初看无名艺人演出的时候，他实际已经行近中年，演到后来，腾空翻扑就要检场的给他托腰了。过不了几年，衰态越来越显眼，行头也越来越陈旧，我看着看着，渐渐起了一种不忍卒睹的沉重感觉。最后已经看不到他演《伐子都》，只在有些戏里充下手，甚至跑龙套了。但少年人不解世途的艰辛，我依然恋恋不舍地跑去看戏，幻想能再看到他的《伐子都》。有一天，这个草台班就在我们镇上演出，——这种戏班，照例有一只班船，载着全班演员，戏箱道具，浮家泛宅，沿着演出的村镇到处流浪。——我兴冲冲地到停泊班船的河边看热闹，欣喜地看到了这位无名艺人的庐山真面。我没有料到，在台上那样威风凛凛，似乎能够呼风唤雨的角色，在台下却完全像个朴实的庄稼人，披着一件黑色的旧短棉袄，和同伴一起，蹲在岸边，端着蓝花粗瓷饭碗，津津有味地吃饭。额头有了皱纹，只是那双眼睛，还不曾完全失去光彩。我失神似地看着他，他觉着了，似乎猜到了我是他的一个看客，朝我温和地笑笑，微微颔首，显得那样安闲自得，把我荡漾心头的一抹怅惘扫除净尽。岁月如流，人寿有限，我怕这位无名艺人，大概早已与草木同朽了，但这个片刻的印象，却和他精湛的艺术一起，雕镂般刻在我的记忆里，至今历历如画。

世人以无限的钦迟艳说莎士比亚、莫里哀、席勒、易卜生、关汉卿、王实甫、高则诚、汤显祖、程长庚、梅兰芳……他们是如何的文采绚烂，光芒万丈，如果没有这许多天才的卓越贡献，我们的艺术天宇将显得多么寥落暗淡，星月无光。世人又以无限的歆羡竞夸巴黎、伦敦、柏林、莫斯科、纽约、布宜诺斯艾利斯等等世界名城的著名剧院，是如何的壮丽华美，新颖奇巧，如果没有这些高贵的艺术之宫，那些红尘滚滚、人海滔滔的城市将显得多么浮嚣浅薄，枯燥无味。这当然是不争的事实。但我却愿以深挚的谢意，献给那难以数计的草台班和无名艺人。他们走遍山陬水涯，穷乡僻壤，把自己的艺术无偿地送给胼手胝足的芸芸众生，滋润大家的心灵；而自己粗衣粝食，碌碌终生，默默无闻。他们自甘雪中送炭，不屑锦上添花。如果没有他们，广袤无垠的世界将减损多少色彩，无千无万的大地之子将经受多少难耐的精神饥渴！

“天涯何处无芳草”，无名氏，草台班，多么浩茫壮阔的生活舞台，多么平凡芳醇的人生戏剧！

一九八二年一月二十三日写毕，壬戌年元旦抄改

晚年柯灵

柯灵为龙华烈士陵园撰写的碑文

红　泪

世人浪说童年是黄金时代，事实上人人都有童年，却未必都有金色的年轮。

有个歌舞团，享有相当的声誉，为了生存，仆仆风尘，走南闯北，在各处水陆码头巡回演出，像旧式浪荡江湖的卖艺人。全团约有四五十个成员，青春结伴，在明灯照耀中，清歌妙舞，笑靥迎人；下了台同行同止，不拘形迹。善于幻想的好心人，常以为此中人过的是乌托邦式的岁月，无忧国里的生涯，不知道这个看似清高的艺术团体，也不脱人间烟火，只是整个社会的一幅缩影：金字塔形的结构，团长稳坐顶端，上层是盛名煜煜的三两根台柱子，导演和硬里子据有中层，垫底的是为数众多的一般演员、乐队、舞台工作人员。无形中还有重重叠叠的层次，楚河汉界，等闲不能逾越，和别处并无多少差别。据说平均主义来源于小资产阶级思想，但不知这类等级森严的景象，是哪个阶级的特产？

团里只有一个被大家另眼相看的人物，那是年方十岁的小演员，上上下下都亲昵地叫她“小东西”。她长得怯生生的，一双天使般的眼睛，透明澄澈如水晶，纯洁美慧，惹人爱怜。她已经能登台单独演唱几个小节目；平常又如小鸟依人，给团里增加了不少暖洋洋的气氛。

小东西在台上，娇憨活泼，粉妆玉琢，俨然是童话里快乐的小公主。在实际生活里，却是安徒生笔下的卖火柴女孩。她出身贫寒，父亲原是个小学教师，三年前因肺病下世。小东西有两个弟弟，母亲靠着针线浆洗，抚育这三个孤雏。团里有个乐队队员，是提琴手，兼擅作曲，性格诙谐善良，偶尔还上台扮演小丑，给观众逗乐。他和小东西一家是邻居，因同情她们的遭遇，把小东西介绍到团里来学艺。她聪明颖悟，而且用功，不上半年，就能载歌载舞，学会了不少本领。她初来时团里只管膳宿，后来团长看她很能招观众喜欢，就每月给她发了几块钱的津贴。她自己只留一块钱零花，其余都交提琴手寄给母亲。团员们不想她小小年纪，居然懂得体贴温存，骨肉情深，她在团里的地位又碍不着任何人，因此大家对她更多了几分疼爱。

小东西天真未凿，但自尊心很强。提琴手曾对人谈起：小东西的父亲病危之际，正遇中秋节，他在病床上吃月饼，掰下半个，分给他的爱女，小东西站在一边，却动也不动。父亲说："好孩子，过来，拿着吃去！"谁知小东西反而背剪双手，后退了一步。因为她在学校里听老师说过，肺病是要传染的，却没想到这会伤了父亲的心，父亲立刻气得原来有点潮红的脸色一下变得煞白。父亲咽气的时候，小东西大概内疚于心，趴在床缘上一声声叫着："爸爸呀，你回来呀！"哭得天愁地惨，死去活来。有个鲁莽不懂事的年轻演员，有一次吃月饼，也是掰下一半，伸着手说："小东西，你敢不敢吃？"小东西的脸色，就像晴天大日头，忽然布满了阴云，差一点没有教他给惹哭了，从此谁也不敢再提这件事。

这一年秋天，歌舞团到济南演出，正巧碰上津浦路建路多少年的纪念日，路局邀歌舞团作了一次庆祝演出，第二天在豪华的铁路饭店设宴款待，表示酬谢。这是团里难遇的盛会，大家兴高采烈，到时候由团长领头，老早从寄寓的旅馆出发赴宴。团里的几位明星，都是交际场中的尤物，一个个盛装艳服，打扮得花也似的。团长自己是宝蓝缎子的夹袍，配上玄缎马褂，崭新的驼灰呢帽，手拿文明棍，仪表端庄，恰合身份。团长太太满身珠光宝气，身边带着一位和小东西同年的小少爷，一身笔挺的西装，分头梳得油光水滑，额前鬈发高耸，宛然是一位小型绅士。几个爱开玩笑的年轻男演员，斜眼觑着小少爷的这副打扮，和同伴挤眉弄眼，莫逆于心，嗓子眼痒痒的，只想说几句俏皮话消遣。团长太太和小少爷，在团里只好说是半宾半主，因为这次旅行公演，团里和津浦线上几个大城市的戏院订了合同，团长太太没有到过北方，是随团出来观光的。

走出旅馆门口，团长回身站定，得意洋洋，想检阅一下他的队伍，一眼看见提琴手携带着小东西，兴兴头头地在人丛中走。小东西穿着一件干干净净的旧旗袍，这原来是银红底子带碎花的布料子，洗得多了，就变得芳菲消歇，容光憔悴，很难确指是什么颜色，而且样子也不太称身了。她没有别的打扮，就把一个新买来的镀金水钻别针簪在襟上，亮晶晶地显得刺眼。团长眉头一皱，不知向谁地凭空问道："小东西也去?"提琴手觉得义不容辞，回答说："是啊，路局请的是全体。"团长听着这答话，不大顺心，又问："为什么不换身新衣服?"提琴手说："这是小东西最好的行头！我倒是想代她借一身体面的，可是不合身；小少爷和小东西身量倒差不多，可惜……"团长觉得话里有话，更不受用，盛气说："瞧那个别针，就显着贫气!"他接着一挥手，说："不用去了！让人看着她这个德行，上了台还有人看她的戏吗!"说完转身就走。团长像是一匹带头羊，他一拔脚，后面的也就跟着起步。他末后一句话，还有些年轻漂亮的女演员觉得有道理，在心里暗暗地点头称善。我几度回头，先是看见提琴手拉着小东西的小手，像是在软语温慰；后来提琴手走了，她还独自怔怔地站在那里，像一只失群的雏雁，凄凄惶惶地在芦苇塘边，看着雁群向远空飞逝。

宴会开得很热闹，宾主尽兴，皆大欢喜，大家似乎全都忘记座上漏了个小东西。只有提琴手到处斗酒，放浪形骸，醉不成欢。"一人向隅，举座不欢"，看来这句霭然仁者之言，也有些不尽不实。

下午的安排，是到济南北面不远的泺口表演两三个小节目，顺便看看黄河铁桥。路局早为我们特备了一节车厢，以便由上行列车带到泺口车站，傍晚再由下行列车带回济南。大家带着杯酒的余欢来到济南车站，我才看到，小东西已和两个舞台杂工坐在车厢的一角，神情惨淡，对谁也不打招呼。

因为东道主的周到，准备充分，演出、参观，一切顺利，大家都很高兴。但不幸的意外发生了。——当我们齐集泺口车站，在月台上检点人数，准备回济南时，却发现缺少了一个人，那就是小东西。

起先大家还不大在意，只有提琴手神色慌张。团长太太倚着车窗，探首窗外，用兰花手拈着一枝烟卷，袅袅上升的烟圈使她双眉紧蹙，用上海话自言自语说："小姑娘也忒嫌贪白相哉！"团长吩咐三四个舞台工人到四近找找，舞台工人跑出车站，只听得他们扬声叫唤着"小东西"，声音渐去渐远。等他们先后空身回来，团长虽然半晌沉吟不语，心里显然也有点急了。

不祥的预感迅速传染给大家。下行的列车不久就要到站，剩下的时间已经有限。不少团员建议大家分头寻找，我和提琴手决定到黄河边上看看。

我们沿着铁路朝北走，太阳已经偏西，把我们的影子拉得很长。我们步履急促，谁也不说话。到了黄河边，连个人影子也没有。跑上铁桥，倚着危栏，可以看得很远，可是依旧徒然。这是黄河的下游，只是一片暗黄的浊流，没有怒涛激浪、惊心动魄的气势。我心里宽了些，这里还没有那种一口吞噬人的险恶迹象。沿岸是荒凉的泥滩，河上远处有几片帆影，平林漠漠，无数零乱的黑点在青灰色的天空中飞舞，传来阵阵哇哇的鸦鸣。"寻寻觅觅，冷冷清清，凄凄惨惨戚戚"：这个苍凉的词境，正好用来形容我们当时的心情，只是还得加上忐忐忑忑，忧忧悒悒，慌慌煎煎急急。

提琴手忽然圆睁双眼，如有所见，急步向河滩奔去，在地上拾取什么。我紧跟在他身后，他伸手到我眼前，颤声说："你看！"

"完了！"我几乎叫出声来，一时心都冰凉了，因为那是小东西的水钻别针。我们不约而同，凝望那苍苍茫茫的黄河，可是什么迹象也看不出来。

提琴手看了看表，俯身到铁轨上听了听，说："快走吧，火车快到了！"

我们快步奔回车站，走进车厢，找人的都已经回来。提琴手找到团长，请示他该怎么办，团长简单地说："已经托了泺口车站的站长，派人寻找了，咱们准时回济南。"说话间下行列车已经到站，月台上上车的，下车的，一阵子纷乱。不过三五分钟，就听见哨子声，汽笛声，车厢动了。就这三五分钟，我一辈子不曾度过这么又长又这么仓猝的时间。人的心肠有时真生得冷，生得硬！我们这么一伙外表齐齐楚楚的成人，竟忍心撇下一个小女孩子，顾自己走了。

车声辘辘，那铁轮子就像不断碾在人的心上。车厢里一片可怕的沉默。只听见团长太太换了口气，轻描淡写地评论道："小姑娘胆子忒大！"旁边有个二流演员，她的演技在台上倒不怎么样，在台下却出声当行，善于辨风色，打顺风锣，她在一旁讪讪地答腔，说："我早看出来，这孩子早晚要出事！"但先前团长决定给小东西发津贴的时候，她说的却是："我早看出来，这孩子有天分！"

我不断睁着眼做噩梦：一忽儿看见小东西跳进了黄河；一忽儿又看见她沦落异乡，风吹雨打，衣衫褴褛，伸手行乞；一忽儿又看见提琴手向小东西的母亲报凶信，那可怜的妇人悲痛得一下子就晕倒在地……

车到济南，大家意兴阑珊地下了车。又是一个意外：小东西竟孤孤凄凄地出现在站台的一角。紧张的心弦放松了,许多人一拥而上,七嘴八舌:“好了好了,”“可找到你了,”“你躲到哪儿去了?”她一声不响,只是木然地望着大家。团长却一见小东西就上了火,分开众人,声色俱厉,振振有词地把她训了一顿。她脸色严冷,依然毫无反应,笔直地站在那里,像一尊石像,我觉得她仿佛一下子就从孩子变作了成人。

时候已经傍晚,天空浮动着几抹紫云,惨红的落日直射在小东西脸上,我只见她那一双清澈的大眼睛里,噙着一包泪水,在晚霞的映照中变成了琥珀色,忽闪忽闪,像喷着火焰。接着这泪水终于夺眶而出,慢慢地流下双颊,在落日光中,像两滴鲜红的血。古往今来,多少文人描写过眼泪,什么泪泉、泪雨、泪花、泪珠,什么胭脂泪、红粉泪,什么“寸寸柔肠,盈盈粉泪”,“多少泪,断腮复横颐”,我却从来没有见过这样使人锥心刺骨的红泪。

提琴手跑上前去,把她拥在怀里,一手温柔地抚着她的肩膀。她背过身,昂首向天,免得使眼泪继续往下流。

我暗自思忖,她大概曾经想寻过短见,也曾想远走天涯,再也不看见我们这些自私和卑怯的人。但她毕竟是孩子,胆怯了,又留了下来。谁能想象这颗童稚的心灵,在这一天里,受过多么可怕的煎熬和折磨?

一天的风云总算过去了,但小东西却从此失去了行动的自由,无论到哪里,都有人看管着她。旅行公演一结束,她就被解职,送她回到了老家。

这件事已经发生很久了,谁也不知道,小东西后来的命运如何。

天才之神是公道的,她常在陋巷穷居串门,并不嫌贫爱富;幸运之神却是势利鬼,贫苦人家的孩子,几乎全被无情地撇闪在一边,成为她的弃儿。我永远忘不了济南车站的那一幕:照临小东西的,应该是似火的朝霞,而不幸却竟是如血的残阳。

附记：

三十年代前期，我写过一篇《泺口日暮》，这是有事实根据的，限于能力，没有把它的意蕴很好地表达出来。因为舍不得这个素材，现在另起炉灶，改写一过，希望能差强人意。虚构的成分加多了，但也许会更接近真实，更具可信性。

一九八二年五月四日

爱俪园的噩梦

——李恩绩和《爱俪园梦影录》

《爱俪园梦影录》这部稿子，在我手头保存了三十年。时代的动荡和个人命运的颠簸，居然没有累它在尘世湮没，真可以算得是一个奇迹。现在它终于和世人相见了，我为此感到高兴；但作者已成古人，这部手稿可能是他唯一的遗泽，又使我感到惆怅。

作者李恩绩。我和他在素不相识中发生瓜葛，是在一九四三年夏，我接编《万象》杂志的时候。那是在抗日战争后期，上海沦陷期间。我从一九三〇年尝试编辑工作，相继十余年，煮字烹文，几乎没有中断，但在敌人屠刀下玩这样险峻峻的走钢丝游戏，却是第一次，单是组稿，就成为一项复杂的策略性问题。清理废稿时，在堆积如山的读者来稿中，我发现了署名"李恩绩"的文章，毛笔楷书，用的是绿线直格的毛边纸稿笺，字迹娟秀，行文熟练，从文字上看得出作者腹笥的宽广，内容是阐述殷墟文字的，一篇学术论文。在《万象》前任主编手里，它显然已与字纸簏为邻了。《万象》原来是通俗读物，娱乐性很强，向《万象》投寄这类"白雪阳春"的作品，我猜想作者的性格大概有点迂阔；名字生疏，不像什么名流，也从不在不干不净的报刊上抛头露面，正是一个很好的组稿对象。一看稿末的通讯处，是"静安寺路爱俪园"。我不觉怦然心动：如果他熟悉爱俪园，为什么不建议他就地取材，写些有关的文章呢？于是我恳切地给他写信，把稿退还给他，说明情况，请他谅解，同时提出了我的请求。

他同意了，那结果就是后来在《万象》上刊出的长篇掌故《爱俪园——海上的迷宫》。笔名“凡鸟”，大概是他写这篇连载时才用的。

爱俪园，即哈同花园，年轻人知道的大概不多了。花园也早已消失，沧海桑田，变成如今的上海工业展览馆。但只要稍稍留心鸦片战争后上海百年来变迁的人，就不会不知道英国籍犹太富翁哈同（Silas Aaron Hardoon 一八四七——一九三一），和他那宏伟神秘的私人花园。因为哈同是一位典型的“冒险家”，而爱俪园则可以说是中国近代史上的“大观园”，殖民主义和封建主义的混血儿，要了解帝国主义在上海开辟和经营租界的史实，其人其事，都是重要的材料。

爱俪园种种扑朔迷离的传说，在旧上海长期流传，成为小市民茶余酒后的谈资；为了餍足人们的猎奇心理，道听途说，摭拾猥闻，铺张扬厉的笔墨也就绵延不绝。其中偶有熟悉内情的作者，衍成说部，则又意在影射，沦于黑幕小说的末流。李恩绩的作品却与众不同：不但因为作者长期生活在爱俪园，所见所闻，所述所感，都出于第一手材料；尤在于作者的态度和识见：有实事求是之心，无哗众取宠之意，这就保证了春秋史笔所必需而又难能可贵的真实性。而且文字朴茂，描叙从容，迄今为止，就我个人所见，李恩绩为爱俪园所作的素描，还是第一种可靠的信史。

但《爱俪园——海上的迷宫》连载不到一年，就戛然而止，不知为什么，李恩绩不愿意写下去了。我登门拜访，希望他不要辍笔。——我观光爱俪园，和李恩绩见面，这是生平难得的一次。那时哈同下世已越十年，他的遗孀罗迦陵也已在珍珠港事变前夕死去，爱俪园冷落荒凉，已不是当年的繁华景象。什么“巢云”、“听涛”、“一带春”、“梦夏湖”一类风雅的名胜，都成陈迹；题为"天演界"、"欧风东渐"、"大好河山"这样反映清末时尚的景物,也已渺不可寻。我循着一湾流水,走过小桥,在一所古旧的小轩中找到了李恩绩。那时他正当壮年,却已显得有些苍老,穿一领蓝布长衫,一口的绍兴乡谈。谈不移时,我已隐约感到他那种绍兴人常有的戆脾气。他要害性的一句话,是"写稿子赚勿落格啦",加以文字化,也就是"文章不值钱"。在他的案头,画具纵横,摊了琳琅满目的折扇面,这时我才知道他还擅长绘事,其时令正当春末,他大概忙于应付笺扇庄的画件,用以疗饥;而画扇面的润笔,可能比稿费差胜一筹。我至今不知道这种推想是否合乎实际,当时我感到无法勉强,只好废然而返。

大约事隔六七年之后,我却忽然接到了李恩绩从绍兴安昌镇寄来的一卷手稿,依然是毛笔楷书,分订两册,题为《爱俪园梦影录》。原来这是《爱俪园——海上的迷宫》的姐妹篇,略有不同的是,后者是客观的叙述,而前者却是透过作者个人的角度,用回忆录的形式来写的。挑灯夜读,爱俪园的前尘影事,历历如绘,而荫在背景中的时代氛围、社会风貌、人情世态,灼然可见,其中还有不少关于学术界、美术界的遗闻轶事——例如关于王国维在爱俪园的事迹,就是未经人道的。这无疑是一部值得珍视的作品,但时移势易,建国肇始,天地一新,"白头宫女在,闲坐说玄宗",已显得不合时宜。它只好像误过青春的老小姐,落入了长期待字闺中的命运。

"四人帮"覆亡,拨乱反正,言路日广,而岁月蹉跎,我个人不觉老境渐深。为免使《爱俪园梦影录》因我而误了终身,我一面为它谋求出路,一面打听李恩绩的下落,以便征求他本人的意见,因为我和他本无什么深交,彼此也久已失去联系。感谢香港《文汇报》金尧如、曾敏之、吴羊璧先生的赏识,文章决定在《百花》周刊连载;而李恩绩的消息,经过年余的辗转请托,才由绍兴市文化局协助,得到端倪:李恩绩已不幸在"文化大革命"中谢世，家属还住在上海。我这才按址找到了已逝者的未亡人吴式坤，说明原委，取得同意，并由此约略知道了李恩绩的生平。

在《梦影录》里，也可以看出李恩绩坎坷的前半生。他父亲是爱俪园的一位画师。他十四岁时（一九二一年）进园，从父学画就读。在仓圣明智大学毕业以后，却因为谋生乏术，被送到常熟一家典当里做小郎，学朝奉。后来典当倒闭，他失了业，重回爱俪园，找到一枝之栖，其职务是在文海阁编藏书目录，这就给了他摩挲古籍，潜心研读的机会。他擅长书画，懂得词章和文字学，还通甲骨文，但多才多艺无补于他的潦倒。他后期在爱俪园的主要工作是写字和作画，但他的作品虽在社会流传，姓氏却从不露面，因为他只是爱俪园总管姬觉弥的一名幕后捉刀人。姬觉弥权倾一时，名满上海，还以书画家的身份附庸风雅，厕身艺坛，而世人只知有姬觉弥，不知有李恩绩。

抗战胜利以后，李恩绩回到故乡绍兴安昌，偃蹇困居，将近十年。全国欢庆解放的年月，却正是他个人的“饥饿时代”，有时一天只吃两顿粥。他好整以暇，把历年积存的甲骨文拓本和摹本整理校勘了四百余张，用粥液代替糨糊，依次粘贴，装订成册，寄给了郭沫若。他写《爱俪园梦影录》，大概也就在这个时期。

一九五五年，他重来上海，寓居南市贫民区，和几个无名画家组织了书画合作社，在贫病交迫中卖画糊口，并由他的老伴吴式坤在弄口摆香烟摊补助生计，直至“文化大革命”中被抄家揪斗，默默地死去。——真是奇怪，平时好像世上没有这个人，“文化大革命”一来，却就想起了这个小人物。他没有儿女，吴式坤是个半文盲，现在已失去劳动力，依靠公家和里弄组织的救济，打发残年。他仅有的一些书画古董，以及有关甲骨文的原件、拓本、著作，都落到了“造反派”手里，至今没有下落。

《梦影录》所表现的才华学养，是无可怀疑的，而看来这已经是李恩绩唯一幸存的精神遗产了。——我没有欣赏过他的书画，对此不能赞一词，但纵有杰作，由于作者的默默无闻，也该流落人间，不知所终了吧。盛名之下，其实不副；而有真才实学的却殁世而名不彰，这真是艺术世界的一大悲剧！

在此以前，我一直以为李恩绩滞留绍兴，而不知道他和我生活在同一个城市里。李恩绩把《梦影录》寄给我以后，也从此不闻不问。从个人的际遇来看，除了“文化大革命”期间，我比李恩绩幸运得多，如果他要找我，是不会遇到什么困难的，但他始终没有和我通音问。即此一端，也可以看出李恩绩为人的落落。他给我长期托管手稿的信赖，我现在除了感激，更没有什么事可做了。

爱俪园是帝国主义强加给中国的一场噩梦，现在永远过去了。李恩绩的遭遇是旧社会加给知识分子的一场噩梦，解放后理应梦觉而继续魔魇，这是不能不使人深感遗憾的。只要草芥人才，特别是暴殄天才的现象继续存在，就证明我们的社会离健全与完美还相当遥远，有心人应该对此付与充分的关切！

一九八二年七月五日

钱锺书创作浅尝

——读《围城》《人兽鬼》《写在人生边上》

一

初读钱锺书同志的《写在人生边上》和《人兽鬼》,还是三十几年前的事。一九四八年,避难时带到香港,次年北返,因为积书渐多,携带不便,托人寄存,结果扫数散失海外。最近才设法把这两本书搜求来重新读了。《围城》最初是读手稿,因为那时连载这部长篇小说的《文艺复兴》和《周报》同在一处出版,《文艺复兴》每期发稿以前,大家有机会先睹为快,读得兴高采烈,满室生春。但忽断忽续,并未读全。后来出了单行本,才有机会一口气通读,有如饕餮。此情此景,早已恍如隔世。直到一九八〇年尾,《围城》在长时期的销声匿迹后重新露面,剪烛西窗,百忙中重温一过。现在再度披卷,算来已是第四次浏览了。

世事沉浮,人生易老,而书还是这些书,字里行间,依然耐人流连,情夺神飞,会心不远,这真是一件十分愉快的事。

二

《写在人生边上》是散文集,篇幅不多,而方寸间别有一天,言人所未言,见人所未见。《人兽鬼》是短篇小说集,收《上帝的梦》《猫》《灵感》《纪念》四篇。如集名所揭示,这里写了人,写了兽,写了鬼,还写了上帝;但"目送归鸿,手挥五弦",归根到底是写人。《围城》却是人物辐辏、场景开阔、布局繁复的巨幅写真,腕底春秋,展示出某一时代某一社会的横断面和纵剖面。

散文也罢,小说也罢,共同的特点是玉想琼思,宏观博识,妙喻珠联,警句泉涌,谐谑天生,涉笔成趣。这是一棵人生道旁历尽春秋、枝繁叶茂的智慧树,锺灵毓秀,满树的玄想之花,心灵之果,任人随喜观赏,止息乘荫。只要你不是闭目塞听,深闭固拒,总会欣然有得。——深者得其深,浅者得其浅。

这些书生不逢辰,印行伊始,就碰上战火纷飞的磨难。《写在人生边上》在上海"孤岛"印行,正当抗日战争后期的艰苦年月,但棘地荆天,而不蔽行远。《人兽鬼》与《围城》问世,都在激烈的解放战争期间,东方欲晓,夜色犹酣,绝不是读书的气候;而两者都在这短短的两三年里再版三次,给出版家提供了一个堪以自慰的例证:即使在兵荒马乱、改朝换代的大动荡中,不能充饥的好书也会像粮食一样受人欢迎。

接着是三十年的"李迫大梦"①,一觉醒来,《围城》已经蜚声国际,举世传诵,迄今为止,已有英、法、德、日、俄、捷六种文字的译本。《写在人生边上》和《人兽鬼》同时在海外迻译翻印,选家垂青,学人延誉,不胫而走。"四人帮"锁国十年,实行严格的文化封闭治疗,结果却只挡住了自己的视线,蒙不住别人的眼睛。现在《围城》倦游归来,在国内也已印行两版;《写在人生边上》和《人兽鬼》经过多方敦促,不久也将与读者相见。这无疑是令人高兴的事,因为和风拂面,老树新葩,正是阳春的景象。试一回顾文艺领域多年来的晦明风雨,"左"阀横行,创痕犹新,姑置不

---

① 美国华盛顿·欧文的小说《瑞普·凡·温克尔》,写一个善良的村人入山打猎,做了个梦,醒来已过二十年。译文见《欧文短篇小说选》,万紫、雨宁译,人民文学出版社一九五九年版。林纾、魏易译作《李迫大梦》,见《拊掌录》,商务印书馆一九三〇年三版。

论;评论家的见仁见智,为褒为贬,视而不见,听而不闻,以耳代目,以鼻代脑,也往往影响许多作家和作品的命运。当然,最有力的鉴定者,还是时间和读众,古今中外,并无二致。但人生有涯,经得起多少是是非非的折腾翻复!《围城》一类的曲折经历,岂不值得触类旁通,思考一些问题?

杨绛同志在《干校六记》里一再感慨地说:"最经磨的还是人的血肉之躯!"① 听起来真有点惊心动魄。我想是不是可以附加一句:有些书本也可作如是观。但万事万物,总逃不脱一分为二的规律,世上既有百炼钢,自然也有绕指柔。而锺书同志和他的著作,则正是属于少数"最经磨"的一类。

三

锺书创作的基调是讽刺。社会、人生、心理、道德的病态,都逃不出他敏锐的观察力。他那枝魔杖般的笔,又犀利,又机智,又俏皮,汩汩地流泻出无穷无尽的笑料和幽默,皮里阳秋,包藏着可悲可恨可鄙的内核,冷中有热,热中有冷,喜剧性和悲剧性难分难解,嬉笑怒骂,"道是无情却有情"。

在《围城》和《人兽鬼》中,长卷般展出成批活灵活现的知识阶层人物画像。济济跄跄的绅士、淑女、学者、名流、作家、教授,剥掉文明高贵的华衮,露出故作高深的浅陋,貌似聪明的愚蠢,功架十足的虚伪,一本正经的无聊,玲珑透剔的卑鄙,活像伊甸园里的亚当、夏娃,"精神上赤条条的,没有包裹";② 又像陈年风肉里腻睡方醒的蛆虫,"载蠕载袅"③,叫人看了恶心。对一些

① 杨绛:《干校六记》,三联书店一九八一年版。

② 《围城》,人民文学出版社一九八〇年版,第10页。

③ 同上,第168页。

本质善良的角色,虽然也加以无情的嘲弄,抉剔他们深入骨髓的空虚庸碌,随俗浮沉,却总是带着温厚的同情和悲悯。例如《纪念》里的少妇曼倩,大学毕业后就成了管领柴米油盐的小家庭主妇,丈夫又是不善钻营的老实人,"只会安着本分去磨办公室的与天齐寿的台角"。在一潭死水般的生活里,梦想玩弄一种"不落言诠,不着痕迹"的婚外恋情游戏,给暗淡的生命增加些颜色,却冷不防玷污了自己的清白,让良心的谴责不断骚扰灵魂的平安。①《围城》的主角方鸿渐,不愿同流合污而不得不随波逐流,不想盗名欺世而不由得弄虚作假,空有"洋举人"的金字招牌,谈笑风生的超级口才,飘泊情海,阔小姐不想要,意中人得不到,只因"一念温柔",却不知不觉落入并非自愿的爱情陷阱,成为"道义上的懦夫";逐鹿名场,又没有勾心斗角、纵横捭阖的手段,看白眼,受排挤,结果只好参加失业大军,茫茫然不知所之。"你不讨厌,可是全无用处";"本领没有,脾气倒很大":这两句考语,活画出一帧小资产阶级知识分子的标准像。

这些人物和戏剧性情节活动的后景,"横看成岭侧成峰",有社会的广度,也有历史的深度。《围城》里写了这么多见所未见、闻所未闻的留学生"嘉言懿行",作为小说结构的主体建筑材料,当然不会事出无心,而是意味深长的安排。近百年来,中国在历史进程中接受欧风美雨的影响,是大门忽开忽闭的反复经历。先是重门深锁,抱残守缺,"十叩柴扉九不开";后来局面一变,锁钥尽失,一方面固然引进了一些西方的现代科学,一方面又带来了崇洋媚外的西崽习气。游洋同于举业,留学意在镀金。小说主人公方鸿渐攻的是中国文学,却要出国"深造",因为"国文是国货土产,还需要外国招牌,方可维持地位,正好像中国官吏、商

① 《人兽鬼》,开明书店一九四九年三月第三版。

人在本国剥削来的钱要换外汇，才能保持国币的原来价值”①。其中的微言大义，读者自不难体会。清末海禁初开，士大夫本着“中学为体，西学为用”的主旨著书立说，论断“中国人品性方正所以说地是方的，洋人品性圆滑，所以主张地是圆的；中国人的心位置正中，西洋人的心位置偏左；西洋进口鸦片有毒，非禁不可，中国土地性质平和，生产的鸦片，吸食也不会上瘾；梅毒即是天花，来自西洋等等”②，方鸿渐“学成归国”，在故乡小县城里发表演讲，因为丢失了事先准备的讲稿，只好摭拾些上述线装书里的新董，老着脸皮，临时即兴发挥，胡扯鸦片、梅毒与西洋文化影响的闹剧，并不是无的放矢，插科打诨。正如《猫》里写讲洋务的遗老，因为当过出洋游历的要人随员，把考察所得归纳为四句传家格言：“吃中国菜，住西洋房子，娶日本老婆，人生无憾矣！”③看似荒谬，却比官修史书、高头讲章的史论远为翔实准确，言简意赅。在小说情节进展中占有重要地位的三闾大学——抗日战争中在内地新设的国立大学，活脱是华洋百货公司的样品间，生动地体现了“外国科学进步，中国科学进爵”的特质。校长在欧洲学的是生物学，擅长的却是浑身的政客解数；教育部派来指导的官员，谈话中平均每分钟有一句半“兄弟在英国的时候”；历史系主任是在外国买文凭的假博士，连太太也是白俄冒充的假美籍夫人；实行导师制是为了摹仿牛津和剑桥，但牛津、剑桥饭前饭后由教师用拉丁文祝福的仪式，中国没有上帝，很是为难，训导长挖空心思，想出用念叨“一粥一饭当思来处不易”来代替的妙法，引得大家哗然失笑。如此等等的妙人妙事，加上棋局般错综的人事关系，矛盾纠结，倾轧奔竞，综合起来，就可以清楚地看

① 《围城》，第 9 页。

② 《围城》，第 35—36 页。

③ 《人兽鬼》，第 26 页。

出,笼罩这座最高学府上空的,正是买办文化和官僚政治的庞大阴云。

《围城》里有不少饶有趣味的插曲,余音袅袅,韵味醰醰。例如方鸿渐的父亲是前清的孝廉公,小县城里的大绅士,保存着一只家传的老式时钟,冒着日本侵略的战火巴巴地从故乡运到上海,又当作鸿渐的结婚礼物,宝贝似地送到新房里挂起来。方老先生谆谆嘱咐,要儿子保护祖物,说"这只钟走得非常准,每点钟只走慢七分"。小说结尾,写鸿渐失了业,又和妻子柔嘉感情破裂,饿着肚子独自丧魂失魄地在马路上游荡到深夜,回到家里,妻子出走了,他万念俱灰,累得倒在床上,蒙眬睡去,堕入一种被痛苦浸透了的麻木境界。"没有梦,没有感觉,人生最原始的睡,同时也是死的样品。"正当这时候,那祖传的老钟却从容自在地打了六下。六点钟,报的是五个钟头以前的时刻,那时鸿渐的感情生活和职业生活还存在一线好转的希望,现在一切都已经成为过去。"这个时间落伍的计时机无意中包含对人生的讽刺和感伤,深于一切语言、一切啼笑。"这只慢条斯理、错乱颠倒的老钟,正是旧中国历史步伐微妙的象征。把《围城》看作单纯的爱情小说,或者单纯描绘知识分子心理的小说,恐怕只能是谨守古训,目不斜视的结果。

四

《围城》问世以来,有种种不同的评论。因为《围城》不是"一览而尽的大字幼稚园读本"①,轻松中有凝重,精巧中有厚实,笑噱中有隽永,粼粼的微波下潜伏着汹涌的暗浪。咸酸异味,不同的食性,可以有不同的品评。但是从来华丽的褒义词无助于作

① 《围城》,第54页。

品的寿命,苛刻的贬义词和轻佻的限制词也无损于作品的价值,《围城》在长期弃置和众说纷纭中,无可置疑地验证了自己强韧的拉力和抵抗力。

锺书的散文和小说创作,特别是《围城》,在中国新文学史上应占有什么地位,更可以有种种不同的看法;但是谁也无法改变它们在读者心里的份量。对锺书创作的存在假装没有看见是不难的,我们迄今为止的现代文学史已经毫不费力地做到了这一点。但抹煞客观事实,最后必将受到事实的调侃。有一种意见,以为海外评论家盛赞《围城》,乃是有意和国内评论闹别扭,这种说法当然有很巧妙的战略意义。有些海外评论家有政治偏见是无可否认的,但以偏见对偏见,却正好证明,在这一点上倒是"五百年前共一家"。麻烦的是海内外的广大读者,特别是外国读者,对艺术虽可以有偏嗜,却不会有偏见。评论家自以为掌握着裁判员的哨子,拥有优势地位,但是和作品角力的结果,反而使自己处于下风,是常有的事。托尔斯泰对莎士比亚吹毛求疵,丝毫无损于莎氏。如果说这也无损于托翁,那因他毕竟是托尔斯泰的缘故。而且托尔斯泰并不自居于评论家,除了发表自己的见解以外,也毫不夹着任何外加的因素。

在文学创作中,比喻手法的运用自如,是天才的鲜明标志。因为文学的工具只是文字符号,以形象化手段而论,这正是文学区别于其他艺术而独有的秘密武器。锺书作品中万花筒一般闪烁变化、无穷无尽、富有魅力的比喻,我们在新文学作品中还很少看到。而这种能力并不是从天而降的,其深厚的基础是人情世态、人物心理的熟知深察,知识庋藏、艺术涵养的充裕储备,加上丰富的想象力,思想和哲理的闪光。

阿班纳史(J. W. Abenethy)在《美国文学》中说,没有一个读华盛顿·欧文的书而不感到欢乐的人。[①] 锺书的作品，至少同样地使人欢乐。——当然不仅仅是欢乐。

五

俄罗斯有句谚语："笑是力量的亲兄弟。"笑不但产生力量，本身就是力量和自信的表现。

锺书艺术上的成就，和他学术上的造诣密切相关，涉猎一下他的理论性著作——《谈艺录》《宋诗选注》《旧文四篇》《管锥编》等等，不得不惊诧于他功底的深厚。出入经史，贯通中西，融会今古，而绝傍前人，匠心独运，自成一家；和他创作上的才华焕发，戛戛独造，互相辉映，各有千秋。渊博和睿智，正是他成功的秘诀，力量的源泉。但还有深潜的对人生的热爱。人们惯于把讽刺分为热嘲与冷讽，其实热嘲也好，冷讽也好，都产生于爱和恨，结果只是冷漠，就只会产生绝望与虚无。只有理智和感情的高度溶合，高度升华，高度平衡，才能达到这种难以企及的境界。说锺书的创作"才胜于情"或"理胜于情"，未免使人生只见树木，不见森林之感。

略微考察一下锺书著作成书的年代和环境，就会发现，不是在解放前的战火下，就是在解放后的政治运动中。举世嚣嚣，而他只是埋头窗下，琢磨他的学问，经营他的艺术。但他也决不是"两耳不闻窗外事"，因为不论献身于革命，致力于建设，应当有各自不同的途径和方法。（我想在这里说一个小掌故。一九四六年，解放战争期间，上海警察局长兼警备司令宣铁吾下令实行"警管区制"，规定警察可以随时访问民家，不便公开的目的是为了"防共"。宣铁吾在报上宣言，英、美、法、德等民主国家都通行

① 严既澄：《拊掌录》"导言"。

这种制度，并非他的独裁。当时《周报》组织了一次对这位警察局长的“围剿”，那就是由通晓欧美各国国情的朋友一一为文反驳，参加这次“围剿”的，就有锺书、李健吾、傅雷、乔冠华等人，好像还有姜椿芳。锺书用的是“邱去耳”的化名。）

宁静，透明，热闹场中无份。不爱交游，但对人温厚，在是非爱憎之外，从不恃才傲物，拣佛烧香。国外重金礼聘讲学，一一逊谢。他唯一热衷的是工作，把所有的时间和精力都献给了它。像一条静穆的大河，不管夹岸的青山，平远的田畴，嵯峨的城廓，冷落的村庄，也不管丽日和风，雷电雨雪，只是不舍昼夜，汤汤地向前流去，默默地向人世供奉舟楫灌溉之便，鱼虾荇藻之利。

《干校六记》的“悱恻缠绵，哀而不伤，怨而不怒，句句真话”，不但给肯定空前、但愿绝后的十年动乱留下了一个侧影，还是一份了解锺书、杨绛夫妇精神风貌的“参考消息”。柳永的词句“衣带渐宽终不悔，为伊消得人憔悴”，的确不失为锺书为人为文的简洁概括。

一九八二年十一月十二日

遥寄张爱玲

不见张爱玲三十年了。

> 三十年前的上海，一个有月亮的晚上……我们也许没赶上看见三十年前的月亮。年轻的人想着三十年前的月亮该是铜钱大的一个红黄的湿晕，像朵云轩信笺上落了一滴泪珠，陈旧而迷糊。老年人回忆中的三十年前的月亮是欢愉的，比眼前的月亮大，圆，白；然而隔着三十年的辛苦路往回看，再好的月色也不免带点凄凉。

这是《金锁记》里开头的一段。我现在正是带着满头的白发，回看那逝去的光阴，飞扬的尘土，掩映的云月。

七十年代末叶，我从一场噩梦中醒来，我的作品又可以享受灾梨祸枣的奢侈了。每当一本新书出版，我照例兴冲冲地亲自签名包扎，跑邮政局，当作一种友情和尊敬的“念心儿”分送朋友。一九八〇年春，感谢香港昭明出版社，给我印了一本装帧、排印、纸张都很漂亮的《选集》，多年的旧交刘以鬯兄，还写了长序，奖饰有加。我特地挑了一册精装本，在扉页郑重地写下“爱玲老友指正”，准备寄往美国。但我随即听说，张爱玲近年来杜门谢客，几乎摈绝交游。我这才猛然清醒：我们之间不但隔着浩浩荡荡的时空鸿沟，还横亘一道悠悠忽忽的心理长河。虽然我们沐着同一的月光，但是天各一方。我决定把这本书什袭珍藏，作为我暮年天真未泯的一个纪念。

国内实行对外开放以后,“海内存知己,天涯若比邻”这一联唐诗忽然走红。但在外交场合杯酒言欢中滥用的结果,最好的诗也会变成爱伦堡所谓“磨光的二戈比”,我真有点替王勃叫屈。僭称“爱玲老友”,天外邮书,大概难免落谬托知己之诮。但彼此以文字交往始,已经整整四十年;阔别至今,她也未尝从我内心深处的“亲友题名录”中注销,却是事实。她的著作,四十年代在大陆出版的《传奇》《流言》,我至今好好地保存着;她近三十年在台湾和香港出版的著作,也已经大体搜集完全,只是最近得到的三本来不及读。唐文标的《张爱玲研究》《张爱玲资料大全集》等书,我手头都有。胡兰成的《今生今世》和《山河岁月》,我也找来读了。我自己忝为作家,如果也拥有一位读者——哪怕只是一位,这样对待我的作品,我也就心满意足了。

我最初接触张爱玲的作品和她本人,是一个非常严峻的时代。一九四三年,珍珠港事变已经过去一年多,离第二次世界大战结束和中国抗战胜利还有两年。上海那时是日本军事占领下的沦陷区。当年夏季,我受聘接编商业性杂志《万象》,正在寻求作家的支持,偶尔翻阅《紫罗兰》杂志,奇迹似的发现了《沉香屑——第一炉香》。张爱玲是谁呢?我怎么能够找到她,请她写稿呢?紫罗兰盦主人周瘦鹃,我是认识的,我踌躇再四,总感到不便请他作青鸟使。正在无计可施,张爱玲却出乎意外地出现了。出版《万象》的中央书店,在福州路昼锦里附近的一个小弄堂里,一座双开间石库门住宅,楼下是店堂,《万象》编辑室设在楼上厢房里,隔着一道门,就是老板平襟亚夫妇的卧室。好在编辑室里除了我,就只有一位助手杨幼生(即洪荒,也就是现在《上海抗战时期文艺丛书》的实际负责人之一),不至扰乱东家的安静。旧上海的文化,相当一部分就是这类屋檐下产生的。而我就在这间家庭式的厢房里,荣幸地接见了这位初露锋芒的女作家。那大概是七月里的一天,张爱玲穿着丝质碎花旗袍,色泽淡雅,也就是当时上海小姐普通的装束，胁下夹着一个报纸包，说有一篇稿子要我看看，那就是随后发表在《万象》上的小说《心经》，还附有她手绘的插图。会见和谈话很简短，却很愉快。谈的什么，已很难回忆，但我当时的心情，至今清清楚楚，那就是喜出望外。虽然是初见，我对她并不陌生，我诚恳地希望她经常为《万象》写稿。

张爱玲在写作上很快登上灿烂的高峰，同时转眼间红遍上海。这使我一则以喜，一则以忧。因为环境特殊，清浊难分，很犯不着在万牲园里跳交际舞。——那时卖力地为她鼓掌拉场子的，就很有些背景不干不净的报章杂志，兴趣不在文学而在于替自己撑场面。上海沦陷后，文学界还有少数可尊敬的前辈滞留隐居，他们大都欣喜地发现了张爱玲，而张爱玲本人自然无从察觉这一点。郑振铎隐姓埋名，典衣节食，正肆力于抢购祖国典籍，用个人有限的力量，挽救"史流他邦，文归海外"的大劫。他要我劝说张爱玲，不要到处发表作品，并具体建议：她写了文章，可以交给开明书店保存，由开明付给稿费，等河清海晏再印行。那时开明编辑方面的负责人叶圣陶已举家西迁重庆，夏丏尊和章锡琛老板留守上海，店里延揽了一批文化界耆宿，名为编辑，实际在那里韬光养晦，躲雨避风。王统照、王伯祥、周予同、周振甫、徐调孚、顾均正诸位，就都是的。可是我对张爱玲不便交浅言深，过于冒昧。也是事有凑巧，不久我接到她的来信，据说平襟亚愿意给她出一本小说集，承她信赖，向我征询意见。上海出版界过去有一种"一折八扣"书，专门翻印古籍和通俗小说之类，质量低劣，只是靠低价倾销取胜，中央书店即以此起家。我顺水推舟，给张爱玲寄了一份店里的书目，供她参阅，说明如果是我，宁愿婉谢垂青。我恳切陈词：以她的才华，不愁不见知于世，希望她静待时机，不要急于求成。她的回信很坦率，说她的主张是"趁热打铁"。她第一部创作随即诞生了，那就是《传奇》初版本，出版者是《杂志》社。我有点暗自失悔:早知如此,倒不如成全了中央书店。

《万象》上发表过一篇《论张爱玲的小说》,作者"迅雨",是傅雷的化名,现在已不成为秘密,这是老一辈作家关心张爱玲明白无误的证据。他高度评价她艺术技巧的成就,肯定《金锁记》是"我们文坛最美的收获之一",同时对《连环套》提出严格的指责。一褒一贬,从两个相反的站头出发,目标是同一终点——热情期待更大的成就。"没有《金锁记》;本文作者决不在下文把《连环套》批评得那么严厉,而且根本也不会写这篇文字。"如果我们对傅雷素昧平生,凭这几句话,也可以帮助了解他对人生和艺术的态度。张爱玲的反应,是写了一篇随笔,远兜远转,借题发挥,实质是不很礼貌地回答说:"不!"很久以前,文坛上流行过一句玩笑话:"老婆人家的好,文章自己的好。"张爱玲这篇随笔的题目,就叫做《自己的文章》,后来收在散文集《流言》里。现在经过迢迢四十年,张爱玲本人对《连环套》提出了比傅雷远为苛刻的批评。其实傅雷的议论,还有个更高的立足点,那就是以张爱玲之所长,见一般新文学作品之所短,指出"我们的作家一向对技巧抱着鄙夷的态度。'五四'以后,消耗了无数笔墨的是关于主义的论战。仿佛一有准确的意识就能立地成佛似的,区区艺术更不成问题"。一扬一抑,有一段还涉及巴金的作品。我以为未必公允恰当,利用编辑的权利,把原稿擅自删掉一段,还因此惹恼了傅雷,引起一场小风波。我在一九七八年写的《怀傅雷》一文中,已经提到这件事,这里不再重复。

唐文标在《张爱玲研究》一书中说到:傅雷的文章一经刊出,《连环套》就被"腰斩",以后张爱玲也不再在《万象》出现。他看到了事实,却没有阐明真相。《连环套》的中断有别的因素,并非这样斩钉截铁。我是当事人,可惜当时的细节已经在记忆中消失,说不清楚了。但有一点确切无误:我和张爱玲接触不多,但彼此一直怀有友好的感情，不存在任何芥蒂。有事实为证。

张爱玲把小说《倾城之恋》改编为舞台剧本，又一次承她信赖，要我提意见，其间还有个反复的修改过程。我没有敷衍塞责，她也并不嫌我信口雌黄。后来剧本在大中剧团上演，我也曾为之居间奔走。剧团的主持人是周剑云，我介绍张爱玲和他在一家餐馆里见面。那时张爱玲已经成为上海的新闻人物，自己设计服装，表现出她惊世骇俗的勇气，那天穿的，就是一袭拟古式齐膝的夹袄，超级的宽身大袖，水红绸子，用特别宽的黑缎镶边，右襟下有一朵舒卷的云头——也许是如意。长袍短套，罩在旗袍外面。《流言》里附刊的相片之一，就是这种款式。相片的题词："有一天我们的文明，不论是升华还是浮华，都要成为过去。然而现在还是清如水明如镜的秋天，我应当是快乐的。"周剑云战前是明星影片公司三巨头之一，交际场上见多识广，那天态度也显得有些拘谨，张爱玲显赫的文名和外表，大概给了他深刻的印象。

这台戏后来在新光大戏院上演了，导演是朱端钧，当年上海的四大导演之一，饰流苏的罗兰，饰范柳原的舒适，都是名重一时的演员。事后我因此得到张爱玲馈赠的礼物：一段宝蓝色的绸袍料。我拿来做了皮袍面子，穿在身上很显眼，桑弧见了，用上海话说："赤刮刺新的末。"桑弧是影片《不了情》的导演，张爱玲的熟朋友。——但这是后话。

一九四四年六月和一九四五年六月，我两次被日本沪南宪兵队所捕。第一次幸而没有受武士道精神文明的洗礼——严刑拷打，却听够了被害者受刑时那种锥心刺骨的号叫声。京剧《文昭关》里描写伍子胥一夜间须发变白，我此时才有些亲身的体会。宪兵队在贝当路，人们谈虎色变，讳言其名，称之为"贝公馆"。地点在美国学堂旧址，原来是雪白的建筑，碧绿的草地，纯洁得像天使；对门是庄严肃穆的国际教堂，紫酱色的斜屋顶，墙上爬满长春藤；贝当路幽雅安静，是情侣散步的好地方。日本人不知出于什么心理，挑选这么个环境来开设他们的现世地狱。我被释放时，恰像刚从死亡线上脱险，对那个环境感觉特别灵敏，觉得人世真是美好。回到家里，又看到张爱玲的留言，知道她在我受难时曾来存问，我立即用文言覆了她一个短笺，寥寥数行，在记忆里是我最好的作品之一。原因是平常写作，很难有这种激动的心情。这事情过去整四十年了，直到去年，我有机会读到《今生今世》，发现其中有这样一段："爱玲与外界少往来，惟一次有个朋友被日本宪兵队逮捕，爱玲因《倾城之恋》改编舞台剧上演，曾得他奔走，由我陪同去慰问过他家里，随后我还与日本宪兵说了，要他们可释放则释放。"我这才知道，原来还有这样一回事。一时间我产生了难分难解的复杂情绪。在此以前，我刚好读过余光中针对胡兰成的人品与文品而发的《山河岁月话渔樵》。抗日战争是祖国生死存亡的关头，而胡兰成的言行，却达到了颠倒恩仇、混淆是非的极致，余光中对他严正的抨击，我有深切的共鸣。因为我个人的遭遇就提供了坚实的论据。但是对张爱玲的好心，我只有加倍的感激。

"出名要早呀！来得太晚的话，快乐也不那么痛快。""时代是仓促的，已经在破坏中，还有更大的破坏要来。"这是《传奇》再版序言中的话，其时在一九四四年八月。张爱玲是敏感的，预言弹指间成为现实。日本宣布无条件投降以后，战火依然弥漫神州大陆，的确是"更大的破坏"，但破坏不等于毁灭。古老中国和她的儿女，都在经受水深火热的考验。——张爱玲也在经受考验：内外交困的精神综合症，感情上的悲剧，创作的繁荣陡地萎缩，大片的空白忽然出现，就像放电影断了片。

一九四九年，在张爱玲看来，对她无疑是灾难。但事实不像她设想的那么坏。抗战胜利初期对她喧闹一时的指责早已沉静，天翻地覆的大变革吸引着亿万人的注意——没有什么比这更大的事了。一九五二年，上海召开第一次文学艺术界代表大会，张爱玲应邀出席。季节是夏天，会场在一个电影院里，记不清是不是有冷气，她坐在后排，旗袍外面罩了件网眼的白绒线衫，使人想起她引用过的苏东坡词句，“高处不胜寒”。那时全国最时髦的装束，是男女一律的蓝布和灰布中山装，后来因此在西方博得“蓝蚂蚁”的徽号。张爱玲的打扮，尽管由绚烂归于平淡，比较之下，还是显得很突出。（我也不敢想张爱玲会穿中山装，穿上了又是什么样子。）任何事物都有复杂性，不像一般观念所理解的那么简单。左翼阵营里也不乏张爱玲的读者，“左联”元老派的夏衍就是一个。抗战结束，夏衍从重庆回到上海，就听说沦陷期间出了个张爱玲，读了她的作品；解放后，他正好是上海文艺界的第一号人物。这就是张爱玲出现在文代会上的来龙去脉。夏衍从不讳言自己爱才，但用“左”视眼看起来，也就是“右倾”，“温情主义”。上海电影剧本创作所成立，夏衍亲自兼任所长，我被委任为他的副手。他告诉我，要邀请张爱玲当编剧，但眼前还有人反对，只好稍待一时。我来不及把消息透露给张爱玲，就听说她去了香港。夏衍一片惋惜之情，却不置一词。后来夏衍调到文化部当副部长，我还在上海书店的书库里，购了《传奇》和《流言》，寄到北京去送给他。

生活是个谜，自己切身的事，尚且包藏着许多秘密和未知数，何况是身外冷暖，背后文章；加上彩凤折翼，灵犀失明，大陆长期与世隔绝，被海外视为“铁幕”，彼此缺少了解，也就无怪其然了。

人没有未卜先知的本能，哪怕是一点一滴的经验，常要用痛苦作代价，这就是悲剧和喜剧的成因。时间蚕食生命，对老人来说，已经到了酒阑灯灺的当口；但是，感谢上帝，我们也因此能够看得宽一些，懂得多一些了。——真要明白，当然不见得，老糊涂多的是。专门研究张爱玲的唐文标教授说：“张爱玲写作在一个不幸的时代,她不能为同时代的中国人所认识,可说是阴差阳错,也许亦是她自己所决定的。”这话说得好,但也还可以推敲,因为同实际有距离,原因也是由于隔膜。我倒是想起了《倾城之恋》里的一段话:“香港的陷落成全了她。但是在这不可理喻的世界里,谁知道什么是因,什么是果?谁知道呢?也许就因为要成全她,一个大都市倾覆了。成千上万的人死去,成千上万的人痛苦着,跟着是惊天动地的大改革……流苏并不觉得她在历史上的地位有什么微妙之点。”如果不嫌拟于不伦,只要把其中的“香港”改为“上海”,“流苏”改为“张爱玲”,我看简直是天造地设。中国新文学运动从来就和政治浪潮配合在一起,因果难分。“五四”时代的文学革命——反帝反封建;三十年代的革命文学——阶级斗争;抗战时期——同仇敌忾,抗日救亡,理所当然是主流。除此以外,就都看作是离谱,旁门左道,既为正统所不容,也引不起读者的注意。这是一种不无缺陷的好传统,好处是与国家命运息息相关,随着时代亦步亦趋,如影随形;短处是无形中大大减削了文学领地。譬如建筑,只有堂皇的厅堂楼阁,没有回廊别院,池台竞胜,曲径通幽。我扳着指头算来算去,偌大的文坛,哪个阶段都安放不下一个张爱玲;上海沦陷,才给了她机会。日本侵略者和汪精卫政权把新文学传统一刀切断了,只要不反对他们,有点文学艺术粉饰太平,求之不得,给他们什么,当然是毫不计较的。天高皇帝远,这就给张爱玲提供了大显身手的舞台。抗战胜利以后,兵荒马乱,剑拔弩张,文学本身已经成为可有可无,更没有曹七巧、流苏一流人物的立足之地了。张爱玲的文学生涯,辉煌鼎盛的时期只有两年(一九四三——九四五),是命中注定:千载一时,“过了这村,没有那店”。幸与不幸,难说得很。

张爱玲不见于目前的中国现代文学史,毫不足怪,国内卓有成就的作家,文学史家视而不见的,比比皆是。这绝不等于“不能为同时代的中国人所认识”，已经有足够的事实说明。往深处看，远处看，历史是公平的。张爱玲在文学上的功过得失，是客观存在；认识不认识，承认不承认，是时间问题。等待不是现代人的性格，但我们如果有信心，就应该有耐性。

今年一月，我在香港，以鄙伉俪赏饭，座上有梅子、黄继持、郑树森，茶馀酒后，谈到了张爱玲。我说她离开大陆，是很自然的事，对社会主义感到格格不入，不合则去，正是各行其是，各得其所。国内曾经“运动”成风，到“文化大革命”而达于顶点，张爱玲留在大陆，肯定逃不了，完全没有必要作这种无谓的牺牲，我为此代她庆幸。但对她的《秧歌》和《赤地之恋》，我坦率地认为是坏作品，不像出于《金锁记》和《倾城之恋》作者的手笔，我很代张爱玲惋惜。并不因为小说的政治倾向。我近年来有一种越来越固执（也许可以说坚定）的信念：像政治、宗教这一类有关信仰的问题，应当彼此尊重，各听自便，不要强求，也决不能强求。谁如果确信自己的理想崇高美好，就孜孜以求地做去，不必害怕别人反对。《秧歌》和《赤地之恋》的致命伤在于虚假，描写的人、事、情、境，全都似是而非，文字也失去作者原有的美。无论多大的作家，如果不幸陷于虚假，就必定导致在艺术上缴械。张爱玲在这两部小说的序跋中，力称“所写的是真人实事”，而且不嫌其烦，缕述“故事的来源”，恰恰表现出她对小说本身的说服力缺乏自信，就像老式店铺里挂“真不二价”的金字招牌一样。事实不容假借，想像也须有依托，张爱玲一九五三年就飘然远引，平生足迹未履农村，笔杆不是魔杖，怎么能凭空变出东西来！这里不存在什么秘诀，什么奇迹。海外有些评论家把《秧歌》和《赤地之恋》赞得一朵如花，醉翁之意不在酒。——他们为小说暴露了“铁幕”后面的黑暗，如获至宝。但这种暴露也是肤浅而歪曲的，在国内读者看来，只觉得好笑。新社会不是天堂，却决非地狱。只要有点历史观点，新旧中华之间，荣枯得失，一加对照，明若观火。现在中国正在吸取过去的教训,满怀信心地走自己的路,这是可以告慰于真正悲天悯人,关心祖国休咎的海外同胞的。

三十年风驰电掣般过去了,作为张爱玲的忠实读者,我多么期待能看到她新的《金锁记》,新的《倾城之恋》。——"三十年前的月亮早已沉下去",我希望,"三十年前的故事还没有完。"

我在北方湛蓝的初冬,万里外,长城边,临风寄意,向张爱玲致以良好的祝愿,亲切的问候。

一九八四年十一月二十二日,完稿于北京颐和园左近。

中国文库·文学类

（已出图书）

【第一辑】

鲁迅选集　鲁　迅著 ………… 人民文学出版社
郭沫若选集　郭沫若著 ………… 人民文学出版社
茅盾选集　茅　盾著 ………… 人民文学出版社
巴金选集　巴　金著 ………… 人民文学出版社
老舍选集　老　舍著 ………… 人民文学出版社
曹禺选集　曹　禺著 ………… 人民文学出版社
冰心选集　冰　心著 ………… 人民文学出版社
朱自清选集　朱自清著 ………… 人民文学出版社
徐志摩选集　徐志摩著 ………… 人民文学出版社
萧红选集　萧　红著 ………… 人民文学出版社
赵树理选集　赵树理著 ………… 人民文学出版社
郁达夫选集　郁达夫著 ………… 人民文学出版社
沈从文小说选　沈从文著 ………… 人民文学出版社
子　夜　茅　盾著 ………… 人民文学出版社
家　巴　金著 ………… 人民文学出版社
倪焕之　叶圣陶著 ………… 人民文学出版社
围　城　钱锺书著 ………… 人民文学出版社
财主底儿女们　路　翎著 ………… 人民文学出版社
太阳照在桑干河上　丁　玲著 ………… 人民文学出版社
暴风骤雨　周立波著 ………… 人民文学出版社
青春之歌　杨　沫著 ………… 中国青年出版社
林海雪原　曲　波著 ………… 人民文学出版社
红旗谱　梁　斌著 ………… 中国青年出版社
红　日　吴　强著 ………… 中国青年出版社
冬天里的春天　李国文著 ………… 人民文学出版社
沉重的翅膀　张　洁著 ………… 人民文学出版社
活动变人形　王　蒙著 ………… 人民文学出版社

白鹿原　　陈忠实著 …………………… 人民文学出版社
毛泽东诗词选　　毛泽东著 ……………… 人民文学出版社
艾青诗选　　艾　青著 …………………… 人民文学出版社
贺敬之诗选　　贺敬之著 ………………… 人民文学出版社
郭小川诗选　　郭小川著 ………………… 人民文学出版社
余光中诗选　　余光中著 ………………… 中国青年出版社
沈从文散文选　　沈从文著 ……………… 人民文学出版社
白洋淀纪事　　孙　犁著 ………………… 人民文学出版社
可爱的中国　　方志敏著 ………………… 人民文学出版社
随想录　　巴　金著 ………………… 生活·读书·新知三联书店
文化苦旅　　余秋雨著 …………………………… 东方出版中心
欧洲文论简史　　伍蠡甫　翁义钦著 ……… 人民文学出版社
欧洲文学史　　杨周翰等著 ……………… 人民文学出版社
中国文学史　　游国恩等主编 …………… 人民文学出版社

【第二辑】

丁玲选集　　丁　玲著 …………………… 人民文学出版社
戴望舒选集　　戴望舒著 ………………… 人民文学出版社
沙汀选集　　沙　汀著 …………………… 人民文学出版社
艾芜选集　　艾　芜著 …………………… 人民文学出版社
林徽因选集　　林徽因著 ………………… 人民文学出版社
骆驼祥子　　老　舍著 …………………… 人民文学出版社
懒寻旧梦录(增补本)　　夏　衍著 …… 生活·读书·新知三联书店
胡风回忆录　　胡　风著 ………………… 人民文学出版社
保卫延安　　杜鹏程著 …………………… 人民文学出版社
野火春风斗古城　　李英儒著 …………… 人民文学出版社
上海的早晨　　周而复著 ………………… 人民文学出版社
烈火金刚　　刘　流著 …………………… 中国青年出版社
一代风流　　欧阳山著 …………………… 人民文学出版社
创业史　　柳　青著 ……………………… 中国青年出版社
李自成(第一卷)　　姚雪垠著 …………… 中国青年出版社
青春万岁　　王　蒙著 …………………… 人民文学出版社
将军吟　　莫应丰著 ……………………… 人民文学出版社
野葫芦引：南渡记　东藏记　　宗　璞著 …… 人民文学出版社

钟鼓楼　　刘心武著 ……………………… 人民文学出版社
尘埃落定　　阿　来著 ……………………… 人民文学出版社
白门柳　　刘斯奋著 ……………………… 中国青年出版社
梁遇春散文选　　梁遇春著 ……………………… 人民文学出版社
孙犁散文选　　孙　犁著 ……………………… 人民文学出版社
季羡林散文选　　季羡林著 ……………………… 人民文学出版社
周涛散文选　　周　涛著 ……………………… 人民文学出版社
史铁生散文选　　史铁生著 ……………………… 人民文学出版社
北京乎——现代作家笔下的北京
　　姜德明编 ……………………… 生活·读书·新知三联书店
臧克家诗选　　臧克家著 ……………………… 人民文学出版社
舒婷的诗　　舒　婷著 ……………………… 人民文学出版社
海子的诗　　海　子著 ……………………… 人民文学出版社
张天翼童话选　　张天翼著 ……………………… 人民文学出版社
高士其童话选　　高士其著 ……………………… 人民文学出版社
中国俗文学史　　郑振铎著 ……………………… 商务印书馆
中国鲁迅学通史　　张梦阳著 ……………………… 广东教育出版社
论红楼梦思想　　冯其庸著 ……………………… 黑龙江教育出版社
中国现代小说史　　杨　义著 ……………………… 人民文学出版社

【第三辑】

废名选集　　废　名著 ……………………… 人民文学出版社
陈映真自选集　　陈映真著 ……………………… 生活·读书·新知三联书店
京华烟云　　林语堂著 ……………………… 现代教育出版社
大　波　　李劼人著 ……………………… 人民文学出版社
六十年的变迁　　李六如著 ……………………… 人民文学出版社
小城春秋　　高云览著 ……………………… 人民文学出版社
苦菜花　　冯德英著 ……………………… 人民文学出版社
黄河东流去　　李　凖著 ……………………… 人民文学出版社
平凡的世界　　路　遥著 ……………………… 人民文学出版社
芙蓉镇　　古　华著 ……………………… 人民文学出版社
浮　躁　　贾平凹著 ……………………… 人民文学出版社
绿化树　　张贤亮著 ……………………… 人民文学出版社
曾国藩　　唐浩明著 ……………………… 人民文学出版社
古　船　　张　炜著 ……………………… 人民文学出版社
第二十幕　　周大新著 ……………………… 人民文学出版社

刘以鬯小说自选集　　刘以鬯著 ……………………… 百花文艺出版社
金牧场　张承志著 ………………………………… 人民文学出版社
红高粱家族　莫　言著 ……………………………… 人民文学出版社
梦家诗集　陈梦家著 …………………………………… 中华书局
穆旦诗文集　穆　旦著 ……………………………… 人民文学出版社
周作人散文　周作人著 ……………………………… 人民文学出版社
何其芳散文选集　何其芳著 ………………………… 百花文艺出版社
上海屋檐下　法西斯细菌　夏　衍著 ……………… 人民文学出版社
风雪夜归人闯江湖　吴祖光著 ……………………… 人民文学出版社
王国维文学论著三种　王国维著 ……………………… 商务印书馆
中国小说史略　鲁　迅著 …………………………… 人民文学出版社
现代中国文学史　钱基博著 ……………… 中国人民大学出版社
中国文学批评　中国散文概论
方孝岳著 ……………………… 生活·读书·新知三联书店
咀华集　咀华二集　李健吾著 ……………………… 人民文学出版社
鲁迅和中国文化　林　非著 ………………………… 南开大学出版社
唐代科举与文学　傅璇琮著 ………………………… 陕西人民出版社
中国诗学　叶维廉著 ………………………………… 人民文学出版社
迦陵论诗丛稿　叶嘉莹著 ……………………………… 中华书局
台湾文学史
刘登翰　庄明萱　黄重添　林承璜主编 ……… 现代教育出版社